從兩岸風雲看結局

公理正義傳寰宇，中華兒女揚龍威

安強　著

前言

當「海峽風雲急」付梓，我仍繼續寫作，對國內外時事提出不同於兩岸學者專家和政治人物的看法。我堅持下筆應站在維護中華民族大義的高度，拋開一切私利，才能寫出立論正確的文章。回顧大陸改革開放四十年，海峽兩岸交流不斷，前往大陸的台商與讀書青年等都已超過百萬人次，目前又加碼惠台，到底有沒有作用；從已知的交流四十年經驗來看，確實沒有任何作用，鐵的事實就是竟出現了「天然獨」等現象，而社會反中氣氛也轉趨濃厚，對來台花大錢的陸客亦絕不心存感念。最明顯的是交流結果反而讓台獨黨坐大，成為大多數島民愛戴支持的主政大黨。這情形使所有中華兒女感到不解。兩岸落得今天的「冷對抗」怪現象，首先要檢討的是大陸涉台人士不夠深入了解台灣朝野實況，以及台灣多數人民心裡的想法。當然台灣方面也該檢討的是，多數人自認已非「中國人」，故對大陸各項優惠，均視為大國對小國的照顧而已。什麼民族大義等，在台灣各級學校早已消失，尤其知識界只談台灣利益，哪有什麼「民族利益」存在。所有領導人民想法的無不以台灣是主權國家自居。因此有總統及各部會、中央民代等，完全是國家結構，大陸要想這些人降格為省或區，應屬緣木求魚，擺明了不可能。筆者久居台灣，畢身工作亦與各階層有關，乃願在風燭之年，為我中華竭盡棉薄，所謂「天下興亡匹夫有責」。願藉此書讓大陸在統一大業上，少走冤枉路，也望台獨夢早醒，事關民族大義，起碼清楚知道背叛民族是歷史難容。故台灣執政者徘徊在遺臭萬年和名垂青史之間，應作出明智選擇。凡事應遠看，為子孫後代發展留大路。

安強

二〇一八年四月

目次

日本應安於現狀避與中國博奕

當日本「狗拿耗子」式的關心東海、南海中國各種活動時，美國媒體就指出，東亞超大國是中國，日本永遠只是個周邊的中等國家，這是自古以來東亞的常態，面對中國復興強大的歷史趨勢，日本應當知「實務」，接受中國崛起、發展迅速的成就。美國中央情報局卡爾亦撰文表示，日本逃不出地理制約的宿命，將永遠處在中等國家之島國地位。中國是地理意義上的大國，且只三十年即實現了人類歷史上令人矚目的驚人發展，這是其他國家無法相提並論的，故中國要日本清醒接受事實是極正確的。今後中日兩國合作互助，對日本最有利，也能淡化日本過去入侵中國，燒、殺、搶、姦、毒藥活體試驗等滅絕人性的暴行。日本必須懷抱贖罪之心，真誠地與寬大為懷的中國人交往，不僅對兩國有利，日本人也才能安居樂業的生活下去。(2017.8.24)

美國正利用台灣為裂解大陸的最佳利器

由於美國近年圍堵、阻滯中國，曾想盡辦法製造東海、南海衝突，以及建立第一島鏈、第二島鏈等種種遏制中國繼續迅速發展的陰謀詭計，唯皆未能有效困住中國。目前美國則改變了對付中國的戰術，採取「周邊放火」方式，以台灣為重心，明的暗的壯大台灣抗拒和攻擊大陸的條件與能力，同時鼓動及引導並支援亞太各國先後或群起找中國麻煩，使中國必須不斷花錢應付，目的是拖垮大陸龐大而無底洞似的開支，造成多方問題窮於應付。久之自然大大消耗國力。另方面又可不動聲色地增強台獨實力。美國智庫認為，中國再有錢，也經不起這樣的長期消耗，只要大陸經濟滑坡，則內部定出問題，致內外夾擊自顧不暇，台灣自然會抓住（等到）良機宣布獨立建國。近日見媒體報導，大陸邀台獨學者赴京、北京學者訪台，足證大陸涉台人士數十年的交流卻仍對島內堅絕反統無知。如今大陸要突破美國惡計，只有一個辦法，即儘快收回台灣，否則習近平的偉大中國夢將恐難圓，或勢必付出驚人代價在統一上面。（2017.8.23）

大陸重視中華文化教學古文將提升人民品質

正當台灣拋棄古文教學之際，大陸不但全力推動復興中華文化，還增加了各級學校古文授課分量。祖國大陸自毛澤東打敗蔣介石，建立新中國後即能在百廢待舉境況下，抵禦列強，周旋於如狼似虎的國際，以至如今的成就，主要靠的就是淵博的知識。現在大陸已掌握到了各科技，且走在許多國家前面。它能有這般跳躍式的崛起，在科技上創新突破，實應歸功於中華文化的底氣所不斷散發出的高超智慧，故能堅強屹立於世界，貢獻各大、小國。過去常有人稱身為中國人真幸運，因為有那麼多登峰造極、高妙無比的古文，可供鑽研欣賞，還能提升做人的品質、格調、變化氣質等。唯有懂得古文，才能感悟到那高深莫測、燦爛輝煌的境界。古文中出神入化的想像，也絕非白話文能表達出其超凡的意境。如今習近平正以中華文化和重視古文，塑造真善美；止於至善的人類模範足以影響世界，而向以文化沙漠著稱的台灣，卻去除了無價之寶的古文，勢必會使島上人民素質與大陸相比差異甚多，可惜！（2017.8.22）

不談統一的善意皆不是善意

近來台灣媒體頻繁報導蔡政府在言語中對大陸釋出某種善意，國民黨也由新任主席吳敦義對大陸表達了善意。但在我們眼中，這些偽善意皆屬騙取維持現狀，以及爭取獲得經濟利益的花招，藉此延續大陸涉台人士「停、聽、看」，一貫的所謂「聽其言、觀其行」的不斷延長。使台獨實質安排與策劃得以從容進行。說穿了就是民進黨、國民黨對大陸唬弄的巧計。因為各種令大陸涉台人士眼花撩亂的「善意」正是爭取時間夯實台獨願景的最佳法寶，以及對大陸涉台人士的有效迷幻藥。我們認為大陸智庫人員與涉台官員，看台灣的動向失之過於浮面，易隨著台灣政治人物使出的各種「善意」點子飛舞，忘了所有避開「統一」的「善意」為善意，豈不是掉進台灣政治人物反中促獨的陷阱而不知的狀況中。把毒藥似的「善意」當佳餚，統一變得更為渺茫。（2017.8.22）

國民黨與民進黨對大陸的敵意「殊途同歸」

當馬英九領導台灣時，就是根據美國在台協會為他設計的「不統、不獨、不武」花招，以及國民黨認定的「一中各表」暗行「一邊一國」，欺騙大陸八年。而今吳敦義延續了馬英九的對大陸策略就高票當選黨主席，使被台灣統派人士指為「獨台」的國民黨，其反統趨獨的真相終於大白。大陸對該黨不應抱任何期待才是明智之舉。近年我們常聽大陸人士指出，共黨與國民黨有較深的情感等，實為不知歷史。忘記孫中山先生主張國、共兩黨合作救國建國，而在他逝世後兩年，欲獨掌全國大權的蔣介石，乃突然對共黨大開殺戒，一心滅絕共黨，甚至不理日本入侵，必先殺盡共黨。日本投降後更以「剿匪」欲獨霸「天下」，造成國人自相殘殺，生靈塗炭。故國共間是格格不入。今共黨寬大為懷，寄統一的期待於國民黨，忘記血海深仇。這種希望定會落空，因其傳統路線即反共難改，其思維與民進黨大同小異。（2017.8.21）

兩岸統一的時間與方式應要看形勢

最近大陸涉台權威智庫學者周志懷研究發現，台灣主政者蔡英文正積極、快速地深化分裂基礎，分別由歷史、文化、民俗等方方面面進行與祖國大陸切割，使台灣居民在思想上認為自己是另一個國家的國民。就連在大陸工作、求學、經商的各年齡層台籍民眾，內心也都以「台灣中華民國」或「台灣國」的人民自居。因此他提出了制訂「統一時間表」的建議，這是很明智的看法，他已看出台灣問題越拖越難辦。然而大陸部分學者竟猶不知其嚴重情況。單以目前台灣一年一度「台北航太展」軍工業研發的先進，具攻擊性的各種武器，講明了是對付唯一敵人中國大陸的。台灣主政者，無論哪個黨派和一般知識界，正在走的路就是想盡辦法完成獨立，分裂狀況久拖對他們最有利，他們追求獨立的翅膀硬了。拒統的武力可造成大陸各大城市重大損傷時，要逼使大陸投鼠忌器，不敢輕易出手，則獨立公投之外，還想成為美國第五十一州。雖然想法天真，足證分裂意識之堅強，故不能再繼續拖延了。（2017.8.20）

中國超英趕美制度好改變崇洋心理

祖國大陸自改革開放後，首先有大量留學生到歐美等先進國家留學，後來隨著經濟成長，出國做生意、旅遊觀光的人越來越多，已普及全球，以至於任何國家或地區均可發現中國人的足跡，並且在國外置產移民。不過近年來根據祖國大陸人民的親身體驗，對於各先進國家所炫耀的自由民主等，發現他們除選舉方式不同於大陸外，實際反而沒有大陸優越。祖國大陸自建立新中國，便行使不為外界深知的「新民主專政」而非「專制」，一般對「專政」和「專制」混淆，以為皆屬「專制」，是嚴重錯誤。於是大陸人民在仔細觀察並與各先進國家一一比較後，發現自己國家自文化以下無論自由民主等均超過；也是優於各國。因此近年原媚外的人民皆紛紛回國發展，並對祖國崛起能貢獻世界，支援協助弱小國家而自豪，認必能以泱泱大國之風取代美國成第一強國。（2017.8.17）

蔡英文誤以為大陸不民主和不自由

生活在台灣而從未去過大陸的民眾，都與蔡英文一樣，以為大陸不民主且專制，故人民無自由，因此常拿台灣不正常的民主自由在大陸人前炫耀。其實這完全是對大陸的無知，就以最近台大有一位去大陸的交換生的文章為例，他驚訝於大陸大學的男女學生普遍比台灣的大學生活潑，可謂又會讀書又會玩，均與教授打成一片，互動良好。原來自毛澤東時期就強調民主，人民至上。毛澤東經常跟全黨同志和官員說，治國必須徹底做到民主，甚至要求軍中民主嚴禁打罵，在戰場上長官要聽取士兵寶貴的作戰意見。在毛澤東著作中有「任何國家不民主必亡」的論說。共黨能將當年強大的國民黨打敗靠的就是得民心。其民主自由只有大陸百姓體會到，法律極具公信力，更不必麻煩百行百業一人一票胡亂選領導人等。政治採「政治專業中推選」達到精英治國，予百姓享受最佳服務的辦法。而台灣的選舉是所有外行選出個大外行。歐美學者認為，中國能快速崛起，主要就是制度走在各國前面。（2017.8.10）

任何理由不能拖延統一

兩岸統一是無論任何人都不能因任何理由而拖延時機的。自祖國大陸快速崛起後，至習近平大刀闊斧整治貪腐，文治武功成果非凡，國力優於全球，受到世界敬重，堪稱是一個利己利人，尤其能濟弱扶傾的大國。然而這個富強康樂的大國，卻有部分人民因受外國勢力蠱惑，不願做中國人而想盡辦法鬧分裂，即獨立為台灣國。對台灣而言，不應除了統一以外，還滋生其他想法。因此當大陸有能力統一兩岸時，只要是中國人，都必須要求趕緊統一，使祖國成為正常的國家。至於要如何統一，當然兩岸協商最好，唯實施統一可比照香港回歸，儘快訂出時間表，不容許任何人反對或討論，有異議者便非中國人，理他作甚。所以國家統一是目前民族復興一等大事，台灣方面的選擇唯和平統一與武力統一而已。此外，統一問題不許美國人置喙，這是我國內政。（2017.8.9）

印度似乎有意對中國沒事找事

印度本應是中國的好鄰居，在經貿等很多方面均可合作兩利。然而歷史證明，印度常對溫和講理的中國，表現得極不友善。早在一九六二年就因自大而沖昏了頭，公然支持中國叛徒達賴等，並侵占中國領土，以為當時尚未崛起的中國好欺負。結果被忍無可忍的解放軍打得大敗。事後還曾暴露其暗中與美國勾結想藉武力使西藏獨立，想不到出兵慘敗。儘管如今其經濟好轉，但其平庸的領導人卻仍自不量力，先是邀約中國叛亂份子達賴往訪，表現對其鼓勵與支持，棄中印間友好關係於不顧，竟又無理干涉中國在自己境內修路，派兵潛入中國境內，中國一向秉持睦鄰不願輕易以武力驅逐，更不願重演數十年前印軍慘敗的歷史，使印度因不自量力而後悔莫及。到目前為止入侵我國的印軍，仍逞強不退。我國民間有言：「給臉不要臉」，那只有「教訓」一途了。同時也一併收回被印度所占領的九萬多平方公里的國土。（2017.8.6）

台灣政治人物應接受改朝換代的事實

今見媒體報導，以後「中華民國護照」將失去國際間承認。也就是中華人民共和國的「台胞證」，才能代表台灣人的中國國民身分。在中華民族歷史長河中，改朝換代多有先例，少數逃離政治中心，偏安一隅，終難持久，沒有不被削平而致統一的。以目前兩岸冷對抗，各方極力設法拖延拒統，不為民族偉大復興著想，並以殘存的「中華民國」招牌自成一國，公然勾結美日等外國勢力，對祖國搗蛋糾纏，大力製造「兩個中國」。特別是馬英九主政，欺騙大陸八年，所謂一中各表，就是眼睜睜走上「一邊一國」兩個中國路線，至於「外交休兵」，大陸也上了馬英九的當。讓台灣這邊更具完整的國家架構，活躍於國際間，而美日兩國最不願見兩岸統一，維持分裂是他們最滿意的。如今大陸如夢初醒，才意識到必須把另一個中國消除，加快統一步伐。今後無「台胞證」者將無法出境。「中華民國」即將壽終正寢，統一在望。（2017.8.8）

「中國夢」是統一而非「與美帝共管」

正當習近平依全國同胞殷望及海外所有華僑期盼，強烈施壓遏制台獨，積極籌劃統一之際，北京涉台智庫主要學者朱衛東竟提出「中美共管台獨」怪論。我們認為這是非常失格與喪權自取其辱的，實屬延緩台獨繼續存活，並給予俟機發展死灰復燃的錯誤主張。試問兩岸問題，以及統一方式和時間皆為我國內部事務，習近平一向反對任何國家插手中國內政，特別是關係國家重大利益、涉及民族偉大復興的歷史事件，怎能引狼入室、與狼共舞？故朱衛東貿然將如此重大之軍國大事輕率知會媒體，應為嚴重失言。凡中國人的內政問題如何處理，只能由自己政府決定，外國特別是最不願見兩岸統一的「敗事有餘」的美國，搗蛋都來不及，多年來均卵翼著台獨等分離勢力。今朱衛東建議引外力進來共管台獨豈不是自認無能，還是別有用心？值得研究。（2017.8.7）

大陸媒體糾正川普有關北韓問題的幼稚「推文」

七月二十八日北韓第二次成功試射「火星－14」洲際彈道飛彈，引起萬里之外的美國總統大怒，竟透過媒體放話，對中國未能管住北韓大表不滿，指中國一年賺美國數千億美元，卻對北韓「毫無作為」，並聲言不惜動武云云。中國大陸媒體則轉述官方的話指責川普，首先是對朝核問題太無知，恫赫以武力尤不切實際。川普不聽中國安排的解決之道，竟把他和北韓之間的問題反怪到中國未盡力。由於中國依聯合國之決議，對北韓實行禁運制裁，可能令中朝關係變得緊張。中朝之間原一向和睦友好，無冤無仇，今為了美朝間的問題，已引起中國睦鄰上的尷尬損失，為美國背了黑鍋。其實朝核問題無法解決，主要錯在川普不斷胡亂對金正恩施壓，一再挑釁軍演，在北韓家門口耀武揚威，逼得北韓努力發展足以反擊與報復美國動武的能力。面對軍力日漸壯大的北韓，川普必須收起幼稚行為，照中國的勸告走上談判桌才是解決問題最好的方法。

（2017.8.2）

大陸統一台灣似已箭在弦上

繼大陸社科院台研所前所長周志懷建議，此時應研究公布統一時間表之後，日前香港網路媒體《超訊》資深媒體人紀碩鳴亦指出，習近平將在任內解決台灣問題。他推斷，兩岸統一問題正逐漸明朗化。關於兩岸統一，雖然民進黨正積極全面性發展實質台獨，並大力進行挾洋反中，還猛踩「反分裂國家法」，似乎已達到了急統程度。但因為統一是中華民族偉大復興，完成「中國夢」的重要部分，更關係到習近平主政期間必須解決的責任，也是其創造歷史定位的關鍵，所以台灣部分凡愛我祖國的有識之士，均認為唯有雄才大略的習近平才能治國有方。他在歷任領導努力奮鬥使國家崛起後，又能勵精圖治，百尺竿頭，直追超級大國美帝。目前國家強盛為歷史僅見，而唯一污點即台灣尚未收回。以眼前台獨之張狂，再不迅予處理，難道要養癰為患嗎？故亦推斷二〇二〇年應是統一時間，即共黨百年的前一年，也是習近平任期屆滿前夕。（2017.8.1）

欲解決美、日圍堵及東海南海問題唯有收回台灣

第二十六屆海峽關係學術研討會，二十四日在山西舉行。這個會議關於對兩岸統一的「建樹」，可謂是零，否則不會拖了二十六屆還不知所以然。此次大陸台研會理事周志懷在大會對許多兩岸學者聲明，目前台灣主流政治階層和學界實際走的路仍是台獨，並且聯合了美、日明目張膽的支持，大有不達獨立建國絕不罷休之勢。對於台灣這種向獨立走得快而更明顯之現況，周志懷進而說出了所有與會者和台灣人不願聽的話：「統一台灣時間表」。這才是解決兩岸問題；和美國重返亞洲，想用島鏈困住大陸等一切問題的良方。據說一兩年前台灣統派團體中，足智多謀的許歷農退休上將，曾當面建議習近平早日公布兩岸統一時間表。如今思之，周志懷在周旋於台灣知識界多年後，仍認為大陸公布統一時間表已到了不能再遲疑的緊迫時候了。至於和平統一或武力解決，將由台灣人民選擇。如此中國夢始能完成。最近前美聯社主任溫益德亦認為兩岸不可能和平統一，大陸方面應已徹底看清。真到非統一不可時，聰明島民必選和平。（2017.7.27）

全面去中國化必然造成急統

目前在台灣有一樁鐵的事實，就是儘管學者專家經常接觸大陸學術界，同時民間台商不斷的做生意，但其中能夠左右台灣政情，有能力並與美日勾結，帶領島民脫離大陸的政治人物，卻多年利用兩岸表面和好，背地裡大肆在深化去中，尤其蔡政府領政後，雖然執政無力，但對於去中、反中卻是不遺餘力，以達到未來台獨建國的目標。同時，割斷與大陸文化、歷史，甚至語言、宗教等的連結，做得越來越徹底而全面去中。其作法好像和大陸有深仇大恨似的，即使不能看到大陸垮台，起碼自己也要趕快獨立，和大陸分開。

然而與上述不同的是，大陸一直希望兩岸一家親，血濃於水，慢慢地透過交流方式而達到和平統一，使自一九四九年迄今長達數十年兩岸分治敵對的不正常關係能趨於正常，這不僅是十三億七千多萬同胞和海外五千萬華僑盼望已久的統一，也促進習近平念念不忘民族復興偉大的「中國夢」早日實現。故台灣今日加速去中國化，正成為逼迫大陸非提前完成兩岸統一不可，否則再拖下去，將造成難以估計的雙輸後果。（2017.7.28）

中國大陸快速發展得益於政治制度優於歐美

數年前，歐洲學者面對大陸的快速崛起，把歐美各先進國家努力兩三百年才能獲得的各種成就，竟在二、三十年間輕易趕上，甚至不斷超過而大感驚訝。他們原本還想：「只要讓大陸人接觸西方，他們就會擁抱西方的價值觀，尤其是政治制度等」。豈知事與願違。判斷落空，凡曾至歐美留學，或常與歐美人士接觸，以及海外商貿往來交流的大陸人，在兩相比較下，都會發現祖國大陸的制度確實優越高超，不但內部自由民主，廣袤大地任翱翔，且在特有的傳統文化薰陶下，培養出仁愛互助精神，而廣受世界各國歡迎，其商貿互利是經濟跳躍式增長的關鍵。由於我國自古講求「精英治國」，以今日言之，即「政治專業管理國家」，其選賢與能是從政治專業中評選推出各級最適任的人才，絕不是由廣大的各行各業，即無政治專業能力者擔負治國大政，以致把國家或地方治理得一團亂。今日歐美日及台灣用各政治外行胡亂投票選出極不適任者主政，人民自然苦不堪言了。（2017.7.28）

習近平重視人才而台灣人才多主張獨立

習近平曾一再強調「為政之要，莫先於用人」。指出理想信念就是人的志向。古人說：「志之所趨，無遠弗屆，窮山距海，不能限也。志之所向，無堅不入，銳兵精甲，不能禦也。」然而習近平應會發覺台灣主政者和具影響力的知識界其「志向」卻是數典忘祖的，一心嚮往獨立，絕非像要求黨員幹部就可以扭轉改正，且時日越久，離心離德越堅強。如今單靠國台辦不痛不癢的警語，在台灣只當作耳邊風，無法產生任何作用。回想大陸改革開放，兩岸交流三十年了，台灣人的心卻越來越遠，已把大陸視為外國，甚至公然指大陸為唯一敵國。這情形實屬相當嚴重，但迄今卻未見大陸當局拿出任何有效對策，導致近來台獨勢力驟增，而美日欣喜之餘，立刻以軍售、軍事交流作實質鼓勵分化。面對積極獨立的台灣，大陸再不認真面對，必然造成難以想像的結果。（2017.7.26）

習近平苦口婆心談兩岸一家親，台主政者不以為然

習近平主政後，十分重視兩岸的和平統一，認為兩岸同胞血濃於水，應是骨肉兄弟一家人。統一只要在熱絡交流後，自然水乳交融，很快便走在一起，雖美日百般挑撥阻擾，但在兩岸同胞民族大義、面對一生大是大非，以及關乎個人榮辱、國家發展、子孫後代前途等大事上，必將順理成章，一拍即合的統一。這豈不是我中華民族歷史創建出一段從來未有的和平統一的罕見佳話？建立與寫下這段美好故事的兩岸領導人，亦將永為後代歌頌，這是兩岸多麼理想歡樂的結局，也是兩岸領導人智慧與遠見，和同胞之福。然而萬想不到台獨黨領政不斷往分裂方面走，一年多來想方設法地夯實分裂的基礎，近日甚至抹去「開羅宣言」使青年皆誤以為台灣地位未定，與大陸是鄰國關係，必須獨立維護主權。島內明智者均認為和平統一絕難實現。大陸的善意只會讓分裂的安排更周密堅強，拉攏台青也是拖延時間而已。習的善意又將落空。（2017.7.25）

美國政府實質上支持台獨，公然干涉中國內政

凡了解美國歷史的人，不難發現它是個偽善、自私、狡詐、陰狠、心胸極狹窄的國家，對外只講美國利益不管別國死活。中國人凡利己利人的事才要做，美國人則只重視利己，甚至為了不利人，寧可不利己，其偽善雖已為很多世人看穿，唯仍有不少中國人為其迷惑。如台灣之盲目親美、大陸的一些異議人士等。目前在海峽兩岸問題上，美國最怕的就是統一。因為已經坐二望一的中國大陸，一旦統一，則必如虎添翼，一飛沖天，美國的優勢將加速不見，因此不得不揭去偽善的面紗，公然阻止兩岸統一。除了為台獨出謀劃策，大量賣軍火之外，還想直接把軍艦調來台灣，視台灣為禁臠，嚴重違反三個聯合公報，粗暴干涉中國內政，是非常無理且站不住腳的。而一旦中國忍無可忍時出兵武統，則美國必偷雞不著反蝕把米，加快了極不願見的兩岸統一。（2017.7.20）

看大陸中小學新編教材為國家培育優秀幼苗而高興

任何國家的強盛能否永續，甚至一代勝過一代，強大不息，端看該國是不是能正確有效的培養出良好的幼苗，不但長大後有能力迎接百行百業的接班挑戰，並且於勝任之餘，尤能創新超越。而在領導群方面亦在政治正確之下，作為有施展雄才大略的公僕。具對內、對外足以領導國家不斷發展，甚至貢獻世界所需，促進各國走上安和樂利的能耐。

當我們看見大陸國家教材委員們推出的中小學教材後，便大可放心了。首先發現我國仍堅持走中國特色的社會主義道路是極正確一貫的。眾所周知，毛澤東學貫中西，文韜武略在我國歷史亦屬罕見，特別是其愛國情操、詩文之高妙，對國家民族的貢獻實難以筆墨形容。而魯迅是著名憂國憂民的文學家，其文章更能牽動青年愛國思想。再加上中華文化古聖先賢仁愛和平、互助互利的高超理論，必能孕育出傑出人才。（2017.7.19）

美學者舉證指中國進步
樣樣超越美國

自中國大陸改革開放以來，十幾億同胞在一代代英明領導帶領下，團結一致努力奮鬥建設國家，對外則廣結善緣，以互利互助和平雙贏，共同發展為目標。於是百業興盛，吸收與培養各方面優秀人才，不但受到國際重視與好評，且在全面性一日千里進步下使國家快速富強。美國哈佛大學著名教授艾利森，最近為文〈美國第二？是的，而且中國的領先只會增加〉。文中稱中國的進步相當驚人，已多方面超越美國，但美國人還不知道，或不願面對。他呼籲美國決策者要承認這些現實，才能制訂確保美國利益，又不會和中國產生悲劇性衝突的戰略。艾利森舉出，中國清華大學已超過麻省理工學院，成為世界最佳工學院。其他如自動化市場、自動化製造、超級電腦、智慧手機等也均已挑戰「美國第一」的排行。此外，旅美台人近來在上海驚見其現代化及居民素質普遍提高，令人驚訝。（2017.7.19）

劉曉波之死，大陸少了個頭腦不清被洋人利用的國民

被外界稱為「民主鬥士」的異議人士劉曉波，根本不知民主，與台灣和香港一樣，認為公民一人一票選舉民代和領導，便是民主了。絲毫不管當選人是否有足夠的能力治理國家和地區。然而不為一般人所知的另類民主，卻默默地一直在大陸推行著，他們辦的是內部民主，合乎孫中山提倡的「管理眾人之事」，屬政治專業選出專業中的頂尖人物領袖群倫，為全體國民服務。這種專業政治中的精英選舉，才是最佳選舉。如台灣一人一票，人民被財團和黨派牽著鼻子走，最後選出的就是只會吹牛、花言巧語，受黨派利用，視黨派團體利益優先的人成為民意代表或領導人，自然談不上優秀與大公無私，其支持當選的廣大人情包袱，早已綑住他的手腳，哪有時間和心情全力為民服務。但看歐美及各美式民主國家，哪個不如此？好在劉曉波沒多活幾年，不然其崇洋媚外之火必將熄滅，或對歐美民主大失所望而死。（2017.7.17）

領土與主權不容討論

鄧小平在決定收回香港時，曾當面告訴英國首相柴契爾夫人，「領土與主權是不能討論的」。因此我們認為儘管台獨主政下的台灣，不論如何去中國化，及在中小學課本中灌輸獨立思想等，其鐵錚錚的歷史，是永遠抹不掉、歪曲不了的。根據鄧小平「領土主權不容討論」，義正詞嚴定論，台灣是中國不可分割的領土，是不容任何人討論、侵犯的。故什麼「開羅宣言」、「舊金山和約」、「波茨坦公告」等，均不必重述。台灣屬於中國領土是千古不變的事實。如果有人想把這塊土地分裂出去，必然遭受全國同胞的制裁。最近海峽兩岸又為新課綱徹底去中國化，以及蔡政府想盡辦法欲引入外力與大陸抗衡，努力往獨立方向邁進，然而大陸方面卻只知用洪荒之力持續與台獨份子打數十年的口水戰，對全國期待統一的同胞實是無法交代。凡此種種，不禁令人懷念起行事乾脆決斷、義無反顧的鄧小平。（2017.7.12）

今後兩岸交流應以統一為先

事實證明，兩岸多方面交流，只解決了台灣的困境。而島內分裂勢力則須借助大陸經貿，直接或間接注入活水，始能加大台獨各層面發展，並增加以武力拒統的決心與信心。

大陸自改革開放以來，兩岸開始交流，大陸認為久之自然水乳交融，統一水到渠成，卻萬想不到任何交流都無法淹滅台灣獨立的夢。以最近賴清德「親中愛台」的論調，和蔡英文不斷拋出的「善意」，並處處提醒大陸不要傷了台灣民眾的感情等，作為緩衝，唯其實質都是從文化、歷史、地理進行台灣獨立的根基工程，保持兩岸分治、就是兩個國家的現況。

因此大陸的對台一切利多，均屬「國與國」關係而已，也就是無論兩岸人民如何抱團，心中仍認為台灣是自己的國家。今日的兩岸關係絕不是「你儂我儂」能夠完成統一的，更不是善意、實質討好就可改變思維的。面對國力日漸強大的大陸，台灣主政者要的是「維持長遠的現狀」，一旦達到實質獨立便是分裂成功。（2017.7.10）

雙城論壇仍只是延續兩岸三十年來的磨蹭而已

對於柯文哲在「雙城論壇」的談話與表態，發現他很有技巧的耍弄國台辦。顯然面對大陸要台灣承認的「九二共識」，他都以「尊重」化解，而「一個中國原則」也只「尊重」「過關」。至於喊出「兩岸一家親」，屬於一般應酬話，這些皆與國家統一離得很遠。在台灣看大陸，是個大軟柿子，愛怎麼吃都「得計」。只要有效拖延或最終獨立成功，都是台灣政治人物心中的贏面。即使這些在磨磨蹭蹭若干年後，非統一不可時，必然讓大陸付出極大的代價。特別是在光陰上，長期分裂且被外國勢力侵入利用，影響國家正常發展，其損失是難以估計的。我們很納悶，對於「九二共識」、「一中原則」，怎麼還能容得模糊空間，居然讓柯文哲幾句似是而非的話就唬弄過去。對於馬英九玩了八年反中拒統變本加厲的前車之鑑，國台辦好像並未記取。國台辦應明白，台灣談兩岸，其實說什麼都可以，只要不說統一就行。反正拖拖拉拉下去便是成功了。

（2017.7.4）

傳二〇二〇年大陸將收回台灣

最近台灣「低頭族」中很人多都會看到大陸準備收回台灣的消息，但反應卻極平淡，似乎沒人相信。反而在擁有兩套以上房產者希望此事成真，統一後，台灣房產必造成大陸有錢人搶購，因可賣到好價錢。看手機資訊，收復台灣訂在共產黨百年黨慶前一年三月，即颱風季前。收回行動預計兩天內完成。屆時會事先向國際宣布不准外界干涉中國內政，否則視同侵略。並將公布居民安全地區，避免傷及百姓。首批入台解放軍為三十六萬人，分海空兩路，同時對台三軍喊話，放下武器就是一家人，避免玉石俱焚，或瞬間摧毀所有軍事設施即使人員大量傷亡。解放軍也預估收回台灣會犧牲兩千人左右，將在台設紀念碑，由「台灣軍區」將士永久守護致敬。台灣回歸後會協助發展經濟與建設，使人民突破低薪，與大陸一同步入均富、安居樂業的佳境。凡作如此認知者皆盼此消息成真，恐怕只有政治人物會反對統一，因一切官階都下降，總統只是省長而已。（2017.7.3）

近年來台灣和香港都大談「本土」卻自我矮化

蔡英文領導的台獨黨，以為處處強調被打壓矮化，就能淆亂視聽，博得同情，掩蓋其背叛國家，企圖勾結敵對國家，走上分裂國土之路。而台獨份子對內則大事宣傳以「本土」作為分裂楔子，大肆宣傳他們是「本土」，而國民黨則是「外來政權」，以致吳敦義等為求選舉爭票，也堅決表明自己是「本土」而非外來。如今台灣「本土」已成為社會熱門話題，殊不知這說法迅速傳染到香港，反成為無知的笑談。單說台灣，真本土人應為原住民，其餘皆屬先來後到，實在談不上是本土。在大陸有五十六個民族，如以省為區隔，每省皆可稱一「本土」，就有幾十個「本土」。各省有各省語言（方言），也各有歷史、風俗、文化等。因此台灣、香港談「本土」而不談民族與祖國，已經自我矮化成小地方了。香港是特區，本土人可能極少。台灣則自認只是個小省，因貨真價實的本土不多，無法與大陸各省、區的本土並論。故「本土」只是省、區的格局而已。

（2017.7.2）

港澳回歸，居民富裕具大國尊嚴

香港回歸二十年，居民回憶曾經歷全球性金融風暴和「非典」等危機，以及迄今的發展等成就，使香港國際地位更加重要。這顆東方明珠，在祖國大陸卵翼下，比起英人之管轄完全不同，可說真正享受到了自由民主，並認識到香港目前擁有的一切，皆由大陸鼎力支持之故。過去香港有部分人觀念錯誤，頭腦不清，對長期在英國強力統治下做二等公民，不以為恥，卻反「狗仗人勢」般，表現出令人覺得可憐、無知的優越感。直到近幾年祖國大發展，港人逐步了解到近代列強欺凌我國的血淋淋歷史，才不斷增長其愛國心。但仍有少部分被視為「人在福中不知福」的港人，奴性難改，不安於過安逸日子，在外國不懷善意的挑撥支援下，專做攪亂一潭春水之事。我們認為這幫吃裡扒外、願做洋人的走狗，若仍在港興風作浪者，即應依法嚴辦，不能讓幾顆老鼠屎壞了一鍋粥。（2017.6.30）

對「九二共識」、「一個中國原則」，台灣有另類解讀

自從台獨黨主政，蔡政府宣誓「力抗中國」後，兩岸進入冷對抗時期，唯民間仍繼續交流。大陸國台辦針對此情形明確強調「九二共識」及兩岸維持「一個中國原則」，並指出此說法已無文字遊戲空間。其實這提法並不完善，且有嚴重漏洞。關於「九二共識」和「一個中國原則」，正好落入了文字遊戲深淵。因為台灣反統人士和台獨們的解讀是，「九二共識」這四字本來就非問題，而一個中國原則卻正中下懷，既然只強調「一個中國」，那麼就是「中華民國」無疑。誰教你未指明到底是哪個中國。因此在台灣玩慣文字遊戲的政治人物眼中，大陸國台辦所主張的「九二共識」和「一個中國原則」其實有欠明確，有利於台獨大肆發展的解讀。所以大陸指的「一個中國」應真正明白告訴台灣是「中華人民共和國」，堂堂正正說明白、講清楚，不必猶抱琵琶半遮面，讓賴清德等人繼續在文字上耍花樣。（2017.6.26）

台灣人是當今世界上最不了解大陸的群體

據一位韓國人最近觀察分析，指出中國這條巨龍快速崛起，無論軟實力與硬實力等，均和超強美國爭鋒，在政治、經濟、軍事、高科技、各項大型建設、外交，甚至最令台灣難以相信的民主自由等，幾乎樣樣超過台灣，然台灣居民卻普遍無感。最奇怪的是，百萬台商並沒有把大陸強大的實情介紹給久居島內，未去過或甚少去大陸者知道。由南韓 KBS 拍攝的「超級中國」紀錄片，從人口、經濟、外交軍事、土地、文化等六方面介紹進步的大陸，以及對世界的影響。談到大陸的民主，應是台灣最不了解的。因為大陸是「內部民主」，從地方至最高領導，皆一層層選出適合的精英，故屬於內行選內行。而台灣自吹的「民主」，其實就是外行選外行，才會越選越亂。中共的民主可溯自一九二七年毛澤東所制定軍隊各項的民主制度，其中規定：禁止打罵、官兵待遇平等、士兵有批評官長的自由、經濟公開、伙食由士兵參加管理。此項民主自由迄今奉行不渝。大陸看台灣民主十分幼稚，因為大陸是專業選專業。（2017.6.25）

香港的一國兩制將隨「大灣區」的發展而消失

香港回歸中國有二十年了，想當年在談判移交時，大陸為體諒港人生活在英國獨斷、凡事不由分說，一切悉聽英人「港督」說了算的處境，港人無置喙餘地，因此鄧小平在當下就拒絕了英首相討論領土與主權問題，並公布收回香港日期。同時將擬定未來收回台灣後，為台民著想，先實施一國兩制，台人治台，原行制度不變，作為過渡。因香港回歸在前，故「一國兩制」便由香港和隨後回歸的澳門先行實施。初始兩地均獲得良好發展，經濟明顯增加，居民歡樂幸福。不料香港好景不長，被不懷好意的外國勢力潛入搗亂，買通和支持一批不務正業人士與港府處處作對，發動反中，甚至違法的要求分裂國土，又與台獨勾結，以串連壯大聲勢，致使政府不得不出手依法取締，始能恢復正常。如今港珠澳大橋竣工在即，頓使香港、珠海、澳門融為一體，無形中淡化香港、澳門的「一國兩制」，使此制度早日消失，對港、珠、澳三地中國居民皆屬公平，政府亦好管理。（2017.6.25）

賴清德與柯文哲的兩岸「花腔」令大陸智庫陷入忙亂

台灣在台獨人士領政下，社會亂象加驟，經濟、外交在與大陸對抗下，正快速萎縮，而最令島內政治人物寢食難安的，即是抗統追求獨立，引起大陸全民撻伐，逼使國務院無法拖延統一。必將採取斷然措施，即以武力統一。因此台灣各政治人物在窺知情況不妙時，乃各耍小聰明，舌燦蓮花，極盡花言巧語，避重就輕，模糊焦點，隱藏住台獨的準備工作。如果得計，則不僅獨立工作獲得緩衝，且可使島內經濟和外交得到活水，對追求獨立幫助極大。在台獨集團看來，正面公然與大陸叫板，鐵面對抗，擺明不接受「九二共識」，更不接受兩岸同屬一個中國的蔡英文，可能會造成「武統」後果，非台獨所樂見，嚴重者將把經營多年，行將以拖延獲得獨立成功的機會喪失，於是「精算」之後，紛紛以似是而非的言論，模糊對岸，用以延緩硬對抗，這也是台獨以弱抗強之道。目前觀之，大陸智庫又要對賴清德「聽其言，觀其行」，應是已落入其圈套矣！似乎統一是無盡期的遠景。（2017.6.21）

習近平新統一觀雖好，對台卻是「對牛彈琴」

大陸與台灣交流了三十餘年，儘管大陸對台百般遷就，並且已有百多萬人在大陸經商和工作，每年去旅遊觀光的人數也有增無減，但反對統一的島民仍占多數。習近平幾乎挖空心思在和平統一上，乃有「新統一觀」，將「兩岸一家親」的血緣宗親和歷史文化概念注入，希望升高至命運共同體，達到心靈契合，進而攜手同心，共圓中華民族偉大復興的「中國夢」。這確實是完美理想的設計。不過反觀台灣政治人物竟依舊以似是而非的言論，花言巧語，吊足大陸望統的胃口，不但對習近平深情真誠的呼喚無感，更是大張旗鼓地從青少年教育下手，進一步將教科書課綱再去中國化，把中國史放在東亞史內，於是兩岸實質「一邊一國」隱然存在，而應令習近平最傷心失望的，是島內兩千三百萬人，包括在大陸生活的百多萬台商，始終無人對蔡政府去中國化強力杯葛、認真反對。

（2017.6.22）

兩岸不統一就會越來越動盪

台灣國教課程綱要，以台獨史觀為主，並進而形成理論。這是蔡政府加深去中國化的重要工作之一，先摧毀扭曲與我中華民族歷史的整體，加以硬性分離。然大陸學者竟以為這處心積慮，久已安排設計好的去中國化。是大陸與巴拿馬建交後，蔡政府的報復。大陸學者認為蔡政府反制中巴建交的各項「出招」，將使兩岸陷入動盪。同時因為死硬台獨賴清德，突然放出「親中愛台」、「九二共識」不是問題；和墨綠的台獨盟友柯文哲，大談「兩岸一家親」，立刻迷倒了大陸涉台人士等，和島內部分凡事不求甚解的統派人士，均似大喜過望，誤認為台獨指標性人物已在改變了。但明眼人立刻看出兩人應付現況的花招，因為他們對蔡英文為台獨多方深層奠基所有措施，推動徹底去中國化，卻從未有一絲反對。足證他們的「驚人之語」，只是騙騙大陸那些實心實意且很容易上當的涉台人士罷了。因此，我們建議兩岸不統一便應對抗，動盪對統一最有利。（2017.6.22）

我國儒家哲學震懾哈佛學生

最近一位講授孔孟學說的洋教授，在哈佛大學造成轟動。這位哈佛大學研究中國歷史的教授，中文名字是邁克爾・普鳴。他開設的課是「中國傳統道德與政治理論」，探討如何將中國古代哲學家的高尚思想，運用於現代生活。一時引起學生熱烈選修。孔孟悲天憫人，本於大公，發於至誠，歸於求仁，成於力行。而令哈佛學生震撼的是，他們生長在「物競天擇、適者生存」的人類進化論的世界，是禽獸求生之道，是鬥爭不息的人生，甚至弱肉強食。而孔孟之道卻在提升人性，必須異於禽獸。故人應修身、仁愛，所謂凡事利己利人，己達達人，人飢己飢、人溺己溺，老吾老以及人之老，幼吾幼以及人之幼，並追求世界大同，人類的互助、互愛，應向「至善」境界努力。這些至高的道理，一時翻轉西方叢林人生的模式，發現中國孔孟哲學才是高等動物——人類善良相處之道，目前大陸全力推展儒家哲學，有朝一日可能使歐美鬥爭式的「民主」從制度改變。（2017.6.20）

遲來的「中國正在說」可讓兩岸同胞看清自己國家

六月十八日在福州，由東南衛視與旺旺中時媒體集團共同舉行「中國正在說」走進台灣的合作簽約儀式，希望藉此節目在台灣播出，讓此間民眾了解這些年大陸經濟、社會、文明、建設飛速進步的情形。特別是有關自由、民主、政治步入專業化、科學化，及透過政治專業培養各級政治人才，其最高領導人，則由政治專業中評比推選勝出。由於西方所謂的「民主選舉」是外行人選外行人，且法治多有漏洞，以仿照西洋式民主管理眾人之事的台灣，往往因此選出不適任的公僕及其服務團隊，加以法律缺乏公信力，造成治國混亂人民吃苦。而大陸依法治國，人民自由發展，始能超英趕美，一日千里的進步，根據國際民調，大陸幸福指數位居世界前茅，更被歐美政治學者譽為「走在世界前沿的政治典範」，這些榮耀不但台灣沒聽過，就連大陸多數人也不清楚，才會有劉曉波之流出現。凡深知共黨歷史者，必知自毛澤東時期即實施民主，連軍隊也嚴禁打罵，更不准有體罰了，但台灣卻一逕地對其污名化，可謂完全失真了。（2017.6.20）

兩岸飼養信鴿熱絡結合的隱憂

台灣飼養信鴿，在一九五二年至一九六〇年即頗盛行，由愛好者進行比賽，北部信鴿往南放飛，南部則向北部放飛，中部則可南北雙方放飛，比賽均透過協會辦理，按鴿子返家時間評判優勝名次，頒發獎狀等。唯隨著島內經濟起飛，各行各業發展迅速，「賽鴿」竟成了賭博的工具。據說每次比賽押注賭金動輒上億元，甚至出現在山區架網捕鴿討贖金等不法竊盜行為，使極為高尚的養鴿飛翔觀賞，淪為低俗。因此島內鴿友應努力改進，盼除墮落污名，並多與歐美愛鴿者交流，提高飼養技術與品種改良等。如今又得與具養鴿歷史悠久的祖國大陸相結合，相信信鴿產業必能「做大做好」。大陸養鴿風氣一直不衰，視鴿子為寵物且品種繁多，觀賞與飛翔並重，格調高尚，惟望台灣過去賽鴿豪賭的低俗惡風，不要吹向對岸，勿沾染「中國人好賭」的賭性，否則必然難以收拾。希望兩岸鴿友特別警惕。（2017.6.18）

愛國團體最近聯合聚會
發表討蔡檄文

由於台灣蔡政府背叛民族，企圖分裂國土，嚴重違背全民國家必須早日統一的意願，愛國團體乃群起不滿，首先由國際洪門中華總會發起主辦「台灣各界促進和平統一大會」，已於六月十一日召開，島內愛國團體均派代表參加，發言熱烈，大會並發表討伐蔡英文檄文，直指蔡英文之叛行，與十幾億愛國同胞對抗，寧做外國敵對勢力走狗，而不知民族大義，將會給善良的島民帶來災難。因此呼籲島民認識情勢，共同排斥其罪行，以清醒睿智促進統一能採和平方式達成，避免蔡政府一意孤行，若是堅持用分裂來對抗大陸，最後必然逼迫大陸，延續我國歷史上著名的十次大一統，均施展武力完成的先例，人民屆時連帶遭殃。因此為免到時島內生靈塗炭，落得悲慘下場和歷史罵名，具遠見的愛國團體應基於正義與仁愛精神，起而疾呼，希望蔡政府速作明智抉擇，懸崖勒馬，俾能青史留名。（2017.6.18）

蔡政府投靠美日以抗拒大陸必將落空

一心一意搞台灣獨立的民進黨，其主導者均自私自利，不知歷史的教訓。在馬英九主政八年中，採行美國謀略以穩住大陸，騙取了無數經濟利益，並收買大陸部分涉台人士，得以獲得八年好日子，因而暗中養大了分裂勢力，復因自己主政太無能，導致八年後政權由台獨取得。由於領導人蔡英文不識時務，誤判兩岸與國際形勢，認為只要靠向美日，就可拒大陸於千里之外。想不到一年下來，不僅內政失控、民怨四起，對外在大陸「一個中國」的壓力下，也發現自己寸步難行，美日已無力護佑，而邦交國逐一求去，終於意識到台灣僅是中國的一個省而已。至於台灣數十年賴以保護的美國國內之「與台灣關係法」，其力量只限於美、台人民交流，更未把台灣視為政治實體，故最近大陸媒體曾戲稱蔡英文為「蔡省長」，因為等到台灣邦交國紛紛離去時，台灣領導人「省長」的地位自當坐實。（2017.6.15）

「凍獨」只是騙取大陸「維持現狀」的把戲

近年來國際政局變化驚人，而牽動與影響世局最大的，是中國大陸的超速崛起。無論政治、經濟、科技、軍事、文化等等，均有令世人讚嘆的表現。特別是政治作為，透過外交手段扶助弱小和貧困國家，誠心幫助不求回報。對先進國家則以互利共贏，皆大歡喜，專做對全球具利益的事，如氣候變化，需各國出力減碳等，無不積極參與，且負責任的立即行動。於是中國大陸因軟、硬實力正超過「超霸」美國，已自然而然地成為全球盟主和各國所賴以發展的後盾。而原以美、日為靠山的蔡政府，萬想不到大陸已強大到美、日兩大靠山竟都靠向了大陸。而島內問題重重，諸多問題皆無解，並不斷製造新問題，引起人民不滿。在面臨走投無路當口，只好厚顏抛出「凍獨」，以討好心中恨之入骨的中國，期能獲得經濟活水，只待一切好轉時，即可立即解凍，台獨依舊，只是又騙了大陸一次。因此大陸真想統一成正常國家，應以滅獨決心和有效行動才能完成「中國夢」。（2017.6.13）

大陸在對台政策上到底要姑息到何時

兩岸關係遠的不談，只看自蔡英文主政一年來，曾大張旗鼓地從多方面進行台獨奠基工作，同時透過媒體放話要與北京對抗。另外有意購買的先進武器，必須具攻擊性，最起碼射程要能達到沿海各發達城市，甚至可炸毀三峽大壩，從廣東至上海均應在台灣武力擊毀範圍內。儘管台灣努力備戰，大陸依然對台灣讓利、示好，對台商也不斷加強照顧，鼓勵與優惠台灣青年到對岸創業等。但實際與他們接觸後，發現台商和台青骨子裡仍對大陸無感，他們把所有的好均視為別有用心的「統戰」，內心其實是「不領情」。數十年來只見大陸對台一再遷就，及至台獨大舉主政，大陸對台所提的問題，一等再等，似非得等到滿意的答案才算圓滿放心。中國有句警語「姑息養奸」，大陸要知國家統一是民族大義，絕不能任幾個冬烘學究拖誤了國家大事。（2017.6.13）

國共兩黨其實有血海深仇

凡知道近代史的人，無不知道國父孫中山逝世兩年後，其生前所要求國共兩黨共創新中國的理想即告破滅。原因是蔣介石以兵權在握，欲獨掌國家大權乃以迅雷不及掩耳之勢開始清黨，針對人才濟濟的共產黨，殘忍的、血腥的展開殺戮。從上海開始利用黑社會力量，大開殺戒，專殺共產黨人。雖只三天，就搜捕殺死共黨人士三百多人，五、六千人失蹤。據說當時毛澤東與周恩來適有事到武漢公幹，尚不知蔣介石為排除異己，違背孫中山希望國共合力建設國家的理想，而至共黨精英最多的上海，進行閃電般襲擊，希望能一舉加以消滅，屆時偌大的江山必可獨攬了。此時汪精衛在武漢，便把上海捕殺共黨消息相告，促毛澤東、周恩來快逃。毛、周始知屠殺共黨是寧可錯殺一千，不可漏網一人，可見國民黨已不顧殺害自己同胞，就只為了搶權。共黨人士突然遭遇死亡威脅，措手不及，只能設法逃亡了。後來共黨整軍逐鹿中原，大敗國民黨。（2017.6.12）

大陸對「親中愛台」應加警惕

大陸與台灣自改革開放以來，長達三十年仍在糾纏不清，造成崛起的大陸即使在各方面做得再進步而成為坐二望一舉足輕重，並極受國際歡迎，專做利己利人好事，對弱小國誠懇幫助不求回報，在經濟上擔任負責任的領頭羊，但依然無法獲得島內人民的認同。在兩岸關係上，台灣總是繞不開口水耍弄，一方面聯合美日以制中，一副奴才、走狗心態；另一方面又極力設法穩住大陸，以便在經濟上大占大陸便宜，達到島內永續發展並「維持現狀」的實質獨立目標。近日台獨黨為了活路，由賴清德宣稱「親中愛台」，其實在其「親中」的驚人之語後面，又連串提出了一貫的親美、親日，目的無非騙取因兩岸冷對抗下所凍結島上賴以存活的經濟。因為賴清德一向被民進黨內視為足智多謀，此番「親中」言論只為了迷惑大陸，希望放寬經濟這部分，讓島內有活水，實際「親中」即親近中華人民共和國，並非兩岸同屬一中。台灣仍是另一「主權獨立的中華民國」。其煙幕彈凡明眼人即可將其看穿的。這與「親美日」外國同。（2017.6.11）

台灣不談「統一」，所有的「善意」皆屬欺騙

自從二〇〇八年以後，馬政府向大陸表達了最大的「善意」，促成兩岸大交流，於是樂壞了大陸朝野，咸認為透過血濃於水，兩岸骨肉相連，都是一家人，以及必然的心靈契合，天經地義的一定很快便能水到渠成，完成和平統一，而傲視我國歷史。因為在我國歷史上所記載的十次大一統，無不是用武力剷除叛逆的。但人算總有失誤之處，大陸在對馬政府全面信任，不疑有他時，突然島內爆發了太陽花學運，主要訴求就是反中。使大陸頓覺馬政府除了賺進大陸無數鈔票外，正暗中放任台獨勢力大發展，而表面上與大陸交往永遠是「最大善意」。及至蔡英文主政，常掛嘴上的，仍是「對大陸的善意」，目前台獨中堅份子賴清德，又放出「親中愛台」，使大陸智庫大花腦力分析，又要「聽其言，觀其行」，根本是多餘，只要凡事祭出「統一」將立見真章。台獨原形畢露，對吳敦義應問他是否「急統派」，就知是否為拖延派台獨了。（2017.6.10）

大陸是政治專業互選的真民主，台灣是外行選外行的假民主

在報上見兩岸學者彼此談民主，均化簡而繁得越講越複雜。其實自由民主主要是來自人民的感受，我兒子在大陸讀大學，在校老師同學均似兄弟，自由自在，跟畢業後在美國一年，感覺與在大陸沒啥差別，只是美國法律多（細）如牛毛，生活比在大陸自由限制的還要多。後考入台灣大企業並升至主任級，卻總懷念大陸社會型態，乃毅然回上海覓職，現已近二十年，堪稱自由自在，努力就有成果，他最高興的是政治人物有其內行（專業）選內行，不勞百姓，老百姓坐享政治精英國家努力的成果，能安穩的在各人行業中發揮，就是最快樂的生活。不像台灣美式民主，外行選外行，一切只是形式，阿貓阿狗只要有辦法弄到選票，便一夕雞犬升天，即使發現不適任，也只能讓他禍害好幾年。像美國川普這塊料，神經兮兮的只憑全吹牛，就坐上大位，攪亂一池春水。我兒子在大陸享受自由自在生活，一年全家至各國旅遊最少約十次左右，是在台灣辦不到的。（2018.4.9）

現下的兩岸關係如太陽追月亮

自從大陸對台放利三十一項，並逐項落實之際，台灣知識界包括中央研究院、大學教授，以及民進黨、國民黨等足以左右島內人民方向者，一方面不斷附和賴清德觀點，把惠台視為併吞的前景或統戰陰謀的伎倆而大加排斥。另一方面由蔡政府全力爭取「美援」，且明白告訴大陸在貿易和軍事上已獲具體成果，將大為提高現代化戰爭所需武器，為了長久與大陸分裂，要與美國簽立武器合製，如潛艦等。另鐵枝台獨輔成立「喜樂島聯盟」，其目的主要在明年四月舉辦公投正名，用「台灣」名義加入奧會，參加二〇二二年日本奧會。因此兩岸間出現一個「你熱我冷」、「你來我走」的實景，真宛如太陽追月亮，你想統一，我偏往分離方向跑。故用這種永難有結果的方式欲求統一，在台灣居住七十年的統派人士均認為可能性微乎其微。試問百萬台商在大陸發跡，至今有幾人為統一吶喊的？何況區區幾十萬個知人知面不知心的難纏年輕人。大陸難道以為他們說的就是心中話嗎？

（2018.4.9）

台灣知識界多屬數典忘祖、夜郎自大者

台灣在大陸改革開放後，兩岸交流近四十年，但由於在台政治人物及學者專家不願改變各自的現狀，唯恐失去他們現有的地位官銜和既得利益，總希望永遠「一邊一國」維持現狀。當然對於一心追求獨立者，若真能宣布獨立，這些人自亦高興，只是顧慮萬一被「武統」，則是他們所不願。因此就不斷有知識界發聲杯葛大陸「武統」的聲浪。這批台獨和不願統一者，目前只是關著門自稱總統、閣員及民代自爽，其實出了小島什麼都不是。因此不妨做更大，乾脆稱世界天皇，反正越大越過官癮。不過若懂歷史，應可了解日本之所以侵華，就是嫌其三十七萬七千九百平方公里國土雖是台灣十倍多大，卻還是太小，終會無尊嚴的靠大國吃飯。而近在眼前的菲律賓總統杜特蒂，也是嫌其二十九萬九千七百公里領土太小，故直言快語不如做中國的一個省，心想如此就不會再被美霸欺辱，且可做泱泱大國之民，在大陸當家作主方能抬頭挺胸，且子孫後代能努力，亦可望著習近平出現電視時說有為者當如是。（2018.4.9）

江宜樺、陳時中、蕭萬長等
皆無視台灣前途

這幾天報載前台灣行政院院長江宜樺，到大陸與國台辦劉結一見面，直接表示台獨和武統皆非台灣民眾所要的，一定要找出第三條路。虧得江宜樺還是做過點事的知識份子，放在眼前的「和平統一」不是第三條路是什麼？劉結一成天接見台灣這些「泥毛頭」除了白費力之外，就只有浪費寶貴時間。至於絕口不敢說出統一的「微笑老蕭」，即使天天「習蕭會」，對統一仍無裨益。另外，台灣衛福部長陳時中，每遇世界衛生大會，便為能否參加而提心吊膽，傷透腦筋，此次大會雖發動二十國向聯合國提案發力，又請美國協助，惟台灣入會仍不樂觀。陳時中似把無法出席大會的主因歸罪於行政院長賴清德明目張膽談獨立上。其實問題關鍵是在世界上台灣根本不是國家，只是關著門在島內自以為是國家而已。因此凡國際以國家名義參與的會議當然只有國家才能參加。台灣主政者沒一人敢宣布獨立成貨真價實的國家，卻要以中國領土不可分割的一部分自以為是個國家，豈非一大笑話。（2018.4.9）

郭國基是台灣政治人物有智慧者

郭國基為兩蔣時期的省議員，在議場素有「大砲」之稱，由於他每因爭取人民利益，便對執政官員指責抨擊，言人之不敢言，一時聲名遠播。成為黨外有名的民意代表。據聞蔣經國有次邀他談話，直接問他是否希望台灣獨立，他乃撫掌大笑，向蔣經國說：「你們太小看台灣人了，台灣這麼小，誰願意放棄那麼大的土地，而只做小島人民，不是太傻了嗎？」從郭國基的遠見，回過頭來看李、扁、馬、蔡，以及國、民兩大黨，無論領導人和黨員，都是目光如豆的既得利益者，甚至島上除少數深明民族大義者外，大部分都是不贊成統一者。他們只想偏安一隅，或如民進黨甘做小島人民，永受洋人支配耍弄，毫無尊嚴，又使子孫失去逐鹿中原大發展的機會，只求個人有生之年短暫的吃香喝辣，乞憐於洋人保護，應只是夢想而已。當強大的祖國認為已到統一最佳時候，必然任何勢力都無法阻擋。但如台獨公投入憲，或宣布獨立，則統一便隨之而來，屆時定極難看。（2018.4.8）

隨著蔡英文魔笛起舞的國台辦

數十年了，兩岸熱絡交流的結果是，儘管大陸國力蒸蒸日上，有強大的解放軍，但台灣反而對獨立更有信心。原因是看透了大陸對台獨一切作法無所作為。而在馬英九主政的八年中，已在島內打下「自然獨」、「天然獨」的堅實根基，故連百萬台商內心想的，也是希望「獨立」或「永遠維持現狀」，這可從對「兩岸統一」不作言詞與否，但賺了錢仍回台大置不動產窺知根柢。加上台獨黨選舉大贏主政，首先與美帝升高交流，短時間簽成「國防授權法」、「台灣旅行法」，以及正研擬中待簽的「台灣安全法」等，已公然打破了「上海公報」，明目張膽地告訴大陸，台灣已受美國保護，因此台獨完全不理會大陸「百年大計」的統一方針，正集美國強大的智庫與經、軍力量，積極布局走向實質獨立，使大陸三十一項惠台，只落得遠水難救獨立的近火，終告白忙一場。美台智庫已把大陸「嚴重關切」、「抗爭到底」、「強烈不滿」、「無法接受」、「後果自負」等空話倒背如流，根本不起任何作用了。

（2018.4.5）

對於耍流氓的國家
你來我往是不夠的

此番美國面對中國不願協商的態度，便單方面採取六百億美元的「懲罰性關稅」，雖中國一再希望坐下來好好談，但雙方有極深成見；早已惡從膽邊生的川普及其身邊邪惡的一群，似乎完全繼承了其老祖宗一樣的不講理，於一九八九年十二月二十日，突然出兵巴拿馬綁架其總統諾瑞加，回美國審判，竟把此土匪行徑美其名為「正當理由計畫」。百年來我們翻開「美國侵華史」幾乎都是以「正當理由」為名對我國占盡便宜。這次川普亦不例外，宣布對中國大陸增稅，竟名為「懲罰」，在文字上就先占便宜，一副極為委曲而為之的姿態。然中國大陸亦不甘示弱，立刻還擊，宣誓以同等數額回報。我們認為此回報太窩囊，對這種狂妄國家，就應加倍奉還，甚至你求饒，我還要「踹你幾腳」才是對付流氓國家的辦法，讓其知道難惹，以後才不會動輒就對你撒野。這才是一勞永逸、以不講理還以不講理的方法。台灣問題亦如此，美帝如玩得太過分，很簡單，不計手段收回來，問題就沒了。（2018.4.5）

大陸統一方式不應影響預定的時間

在台灣統派人士心目中，台灣既是國家領土一部分，為核心利益，是習近平中國夢重要組成部分。如此不可分的大塊土地，其應如何收回與周密計畫等，應已成竹在胸，但不該當台獨有些個口舌爆料或反中行為，亦隨之批評警告，令島內獨派及一般民眾聽都聽煩了，永遠是「天橋把式」說說而已，甚至跟著台獨行動空言警告，卻從未將警告落實成真。因此自朱鎔基對台之嚴厲警告乃至目前大陸各層級對台不斷的「警告」，由於多年來數不清的警告恫嚇，總不痛不癢，像一陣風很快地吹過，而「景色依舊」，這種常態式的警告，對島內台獨勢力毫無遏制作用，甚至看扁了各式各樣的警告或反應。然而我們奇怪於大陸為何對分離勢力，總愛「見招拆招」，大陸如有自己的統一辦法與預計的統一時間，就應一切採取主動，不必隨著台獨動作耍空嘴砲，只需按自定的統一計畫勇往直前即可，一切主動施為，則必能有效遏獨，在統一路上跨出大步。（2018.4.4）

「棒打出頭鳥」的制獨值得商榷

由於台灣行政院長自稱為「台獨工作者」，大陸官媒認為對公然表現自己是台獨者，應就外交、軍事領域採取行動，把賴清德列為第一名實施全面打擊的台獨政治人物。同時，要建立全面制裁、懲戒台獨政治人物的機制等。我們雖贊成以上遏獨措施，尤其必須「棒打出頭鳥」如賴清德，但對那些「陰獨」、「柔獨」這類份子，該如何處理，就值得商榷了，他們絕不大張旗鼓，只默默推動實質台獨，其成果是修改教科書，經貿推動南向，遊說美國相關人員以利台獨壯大發展等台獨核心推動者，所以從未受大陸重視——因為他們沒被點名制裁過。我們不解的是，為何對叛國妖僧達賴認真遏制，而對站在國土上搞分裂者，甚至投身敵對陣營、專做不利祖國事務者，多年來卻均未作有效處理或抑制？我們認為對台獨應是全面性、不手軟的，只「棒打出頭鳥」，豈非對那些積極推動台獨首惡「太不公平」了？（2018.4.4）

台灣對美的遊說團自蔣介石即相當活躍

根據美國公布的資料，早在國共鬥爭時，美國就有專為國民黨在華府作公關的「遊說團」，其中除少數幾人是真愛中國外，大多數成員均為了私利，因為他們可藉此從國民黨方面拿到豐富利益。甚至在蔣介石內戰失敗，遊說者仍希望美國能支持蔣介石領導的國民黨，認為只要反攻大陸成功，他們將獲得更大利益。儘管自國民黨以至民進黨，遊說者應未斷過，或給遊說者利益更多，故自李、扁、馬、蔡一連串的遊說陣容更強，可從為台灣出謀劃策者日眾，乃有「國防授權法」、「台灣旅行法」的出台。在其他惠台措施方面無不有求必應，當年川蔡通話亦應屬遊說成果之一。目前由於台美已是特殊利益關係，這比道義之交抱團得更緊，美國涉台人士為台獨遊說撐持，位階也因利之所在而向上提升。如今大陸面對的台獨勢力，是美國龐大利益團體作後盾，與中國大陸周旋。（2018.4.4）

對無信不義的美帝貿易戰應採主動

自老瘋狗川普宣布與中國打貿易戰後，已對中國大陸銷美商品祭出六百億美元的懲罰性關稅，而美國任意對中國執行的貿易懲罰，竟完全無視世界貿易組織（WTO）規定，任性施為，突顯極為霸道不講理的嘴臉。中國不得已，也只好被動對美銷中國的大宗物品課以重稅，其中包括水果、豬肉等農畜產品共一百二十八項。唯未涉及汽車、飛機等動搖美國大企業的報復，可謂手下留情，且成為未來兩國走上談判時的「餘地」。不過我們認為既然川普翻臉無情，對這種小人，不能君子相向，也可一而再的反擊，即你每打我一拳，我必還以兩拳以上，讓對方知道痛且不好惹，否則你來我往，變成常態便糾纏不完。應一次使狂徒知道痛，以後不敢輕啟「戰端」。此外，今後凡遇美帝不按牌理出牌對祖國有違法，不合理舉動，則應立即報復，否則待「姑息成大患時」便要大動干戈不可。故想要長久和美帝相安無事，就必須打消其生事念頭，始為一勞永逸之法。（2018.4.4）

閻學通對台問題太不通

大陸國際關係學者閻學通，日前在北京接受記者訪問時，認為短時間內兩岸統一根本不可能。他強調，如給一個時間限定，二、三十年內也是不可能，「再怎麼折騰，也不會有人去做什麼，就一直維持現狀就結束了」。他對「武統」、美台「台灣旅行法」等的看法，皆認為只是大陸方面例行的抗議而已，過一陣子就會復歸平靜。看一向知台的閻學通此番言論，頗令人納悶，因為兩岸問題是雙方問題，如指維持現狀能到永遠，也是閻學通不通的想法，是不了解台灣的想法。他應知台獨執政是要正名建國，達到獨立目標的，屆時台灣便不會讓你維持現狀。目前台灣對美日和內部從根拔除「中國因素」，往獨立方向努力迄未停過，絕非如閻學通想像的那麼簡單。我們認為即使他心中對政府拖拖拉拉處理兩岸的問題，永遠乾打雷卻不下雨，而以上述談話暗示不滿，亦不該發出錯誤觀點才對。不過這言論應給當局提醒，「放話」不兌現，將會造成形勢的誤判。（2018.4.3）

新韜光養晦是自我矮化

在中國面對列強「欺負」，必須適當反應以自衛時，國內學者王文卻盲目的主張退卻。此主彰顯然證明他不了解西方文化，更不知洋人性格。因為洋人極不希望看見中國崛起，故當中國向富強大國邁進時，便不惜用各種方式進行打擊。一旦在崛起過程中多方掣肘添亂均不見效後，則會收斂改為合作，而雨露均沾。正如川普之與金正恩，既然難鬥，或強硬態度嚇不倒金正恩時，乃另覓和平協商之路，因川普知武力相向成本太高，得不償失。同樣的，列強在對中國不友善，無理大唱「中國威脅論」時，絕對不能「新韜光養晦」，自作聰明的軟弱、投降，這正好給洋人落井下石的機會，「巧妙應對」也將變成「弄巧成拙」。在洋人面前表示可憐，洋人才不會施以同情。所謂鬥智也不是囉窩囊就能躲過。面對無情無義的洋人，只有「你到我家來，我到你家去」，及「人如犯我，我必犯人」的毛澤東對付洋人方法，始能有尊嚴的不被鬥倒。北京學者王文的想法太不實際而天真。（2018.4.1）

大陸是仁愛之師不必具實戰經驗

美國軍事專家法利稱，他預測至二〇三〇年，世界五大陸軍排名，依序是美國、中國、俄羅斯、法國和印度。這五國將擁有世界最強陸軍。法利認為美國軍隊之優越，除軍事預算比各國多，重要的是有豐富的實戰經驗。譬如在伊拉克、阿富汗、敘利亞等連年插手戰爭，獲得戰爭經驗，而俄羅斯也不例外，不斷有出兵機會，亦累積不少實戰經驗。只有中國陸軍雖龐大，但迄今無實戰經驗。因此法利只把中國排名在二或三之間。其實中國陸軍之缺少實戰經驗，是不願對外輕易殺伐，一心廣結善緣，其建軍目的在自衛。不像美國製造謊言為了擊毀伊拉克。無怪乎其數十年對外巧取豪奪，殺戮不息，雖能大獲利益，其所付出的金錢成本和軍人寶貴生命等代價，卻難以避免。而中國軍隊主要在保衛國家，讓國內百業發展和海外救援，維護國民安全。故不需要任意征戰，以輕易舉兵好戰謀利，為中國所不取，所以我們認為中國解放軍為世上罕見的仁愛之師，寧願無戰爭經驗。（2018.4.1）

在習川金面前蔡英文是微不足道的小人物

在當今世界舞台上，中國的習近平、美國的川普，雙方箭拔弩張，即將開打貿易大戰，全球各國正屏息凝神、提心吊膽地認為貿易大戰指日爆發，勢必殃及各國之際，卻因彼此認識到不可避免的兩敗俱傷，而迅速緩和，各提出談判項目，派出代表進行協商。而東北亞及中印「鬥局」亦趨和解。其中最令國際擔心的，即是北韓與美國硬碰硬，隨時如火藥庫面臨爆炸般，初生之犢金正恩對上暴龍似的川普，將如何火拚，一旦最後輸家發出核武，局勢之可怕實難想像。但足智多謀的「金小胖」，竟一夕之間由宣布參加冬奧、至川金大會之際，又出乎大家意外的先訪北京，極盡合縱連橫捭闔之能，在兩大國之間運用自如，獲得了「恐怖平衡」，化干戈為玉帛。使全世界為東北亞緊急情勢捏把汗者無不對金正恩「按讚」不已。相反的，大家對台灣蔡英文感到擔心。她對所處時局太無知了，把中國內政問題誤作國際問題，當對岸讓利到仁至義盡後，統一必在眼前。（2018.3.31）

大陸和平統一應速造成「光桿台獨」的事實

在今日報載中梵主教協議將在三十一日簽署，正式建交在即，展現中國有能力與任何國家友好建交。據此我們認為展現真愛台灣，把台灣同胞視為一家人，讓善良島民不因台獨引起武統而無辜受災，甚至生命財產蒙難，首先應迅速將台灣所有邦交國摘光，再配合其他有效孤立措施，令台獨無力伸展，坐困愁城而自覺真沒前途、百無聊賴，活得極沒意義後，又有各方面正義促統壓力下，必將走上投向大一統的正確道路，達到兩岸「一笑泯恩仇」，共同為民族偉大復興努力。如此軟性逼和，可讓台獨份子徹底認識到大陸的能力，也了解追求獨立如水中撈月，永難成真，不如擺脫美國綑綁，不再沒尊嚴的聽其擺布，否則難保被其出賣，不如接受和統，走在「獨台」的國民黨前面，寫下歷史佳話，青史永垂，救了兩岸兵戎相見於萬一，到時欲以「一中各表」言不由衷的獨台國民黨必在灰頭土臉下沒顏面的束手就範，在統一的大潮下，不得不放棄叛國。（2018.3.30）

和平統一將趕不上台灣獨立

對於大陸要堅定不移對台「和平統一」，當然是把島民視為「一家人」，避免武統流血傷人。而最近之三十一項惠台措施，更彰顯和平統一決心。但是大陸對台無盡的讓利政策，以及磁吸各方面人才的作法，認為將因此改變島民非中國人思想，進而有利於和平統一，則是錯判形勢，對台灣多數民心太不了解了。說穿了，大陸欲以實惠與溫情軟化「台灣國」意識，可能要數十年或百年，也許仍不為功。事實上島民已確認大陸為「鄰國」，惠台讓利多多益善，樂得占便宜。故想靠此有利「和統」，說難聽的就是對台灣人民內心想的太無知，是一廂情願地盲目樂觀。應知台灣執政者正抓緊時間勇往直前所進行的工作，就是借助美國之力，以及其他國家暗助，儘快實現獨立，正式成為主權獨立國家。而支持台獨的列強，亦可因此遏制大陸崛起，使芒刺變利刃，永遠插在中國大陸背上，並將大陸的大門變成制約大陸的枷鎖，永遠堵住中國利益。故惠台和平統一，正是台獨實現獨立的契機。（2018.3.30）

大陸說實話真了解台灣者乃何池與李毅也

自大陸改革開放後，兩岸展開交流，迄今數十年了，不但認為自己不是中國人者大幅增加，即使大量讓利，或吸引到大陸賺錢、就學等，能改其異心應不容易，隨便舉康師父為例，由彰化一小商家到對岸大發展，賺了大錢，仍返台置產，未能在兩岸統一上做出任何一樁有利的事。最令我們不解的是，這數十年兩岸熱絡交流時，大陸學者、智庫，以及不少涉台官員，常以在島內「走透透」炫耀。但為什麼卻未見將台灣真實情況反映到國務院，以致國家許多對台施為，皆未抓到癢處，又怎能「對症下藥」？因此，才讓一些心中反中，思想傾獨的學者與像朱立倫之流的官員，有機會到大陸參加各種只會白拖時間的勞什子「論壇」，大肆耍嘴皮子，個個到頭來無不是「言不由衷」，使大陸主辦單位在論壇中得不到有利的、一針見血的建議。我們納悶，國務院能解決國內外大而難的問題，卻對台毫無辦法，是否因資訊不正確之故？因此我們見李毅、何池之文，震驚於他們真了解台灣，值得重視。

（2018.3.30）

大陸全面惠台的警惕

昨晚電視新聞赫然看見大陸駐美大使崔天凱談兩岸問題，他直言若大陸一切愛台措施無效，而島內一意孤行，往台獨分裂方向走時，大陸必然採取和統以外的方法收回台灣。崔天凱在美國媒體前的對台警告，可能也是要說給美國聽的。意即無論美國有多少惠台和助台辦法，只會鼓勵台獨勢力走上錯誤的趨獨道路，必然驅使大陸不得不及時解決台灣問題。回憶大陸兩會後，迅速公布全面惠台種種，同時又默默在福建近海布置 S-400 飛彈，島內有識之士無不對台獨主政者捏把冷汗。要知此飛彈將有效嚇阻美國最強海空力量的蠢動。它是目前唯一能摧毀美國強大海空戰鬥群的防禦力量。要知道大陸作如此積極「萬全」布置，自有其急迫性。一般認為當真心誠意「一家親」，只換得鐵面無情後，就只剩最後一條路──武統會被出現。故對崔天凱的警告不可等閒視之。而對美國「國防法」、「台灣旅行法」等，可能是逼使大陸提前促統的主因。（2018.4.7）

川普對中朝關係太無知

當川普初步與金正恩預定五月見面會談後，便認為金正恩之所以參與南韓冬奧運動會並願與其會見等，皆因他宣稱要北韓「流鼻血」之結果。因此一副會談排除中國的姿態。豈知才剛陶醉在「流鼻血」效應未幾，突見金正恩夫婦乘上「專列」火車兼程至北京密會習近平，還曾一度閉門會談，這是金正恩主政迄今首次出國訪問。此事立刻打破了川普原擬美朝會議排除中國的設想。由這中朝關係之不尋常，令人回想到北韓突然參加冬奧，是否也有中國因素，甚至金川會的安排亦難保沒有中國智庫的貢獻。習金北京之會，正展示出中朝長期的深厚歷史淵源，以及兩國戰鬥並肩的特殊「血盟」情誼和邊境相連的唇齒關係。這種幾代人的守望相助，川普怎會知曉。我們樂見朝鮮偉大領袖金日成孫子金正恩，承繼祖父遺志，完成南北韓統一大業，告慰曾成長於中國，曾與中國軍隊一同打日本，又獲中國軍隊大力協助擊敗美國為首的十六國侵朝聯軍。這種「一家親」般關係，川普怎知。（2018.4.7）

大陸何時會武統台灣

習近平在修憲後即有充分時間處理國內外各重要事務，對於大家最關心的統一問題在習近平心裡其實早有定見。儘管美國智庫研判大陸對台或將如閃電般出手，一舉拿下，而時間推斷應在二〇二〇年。我們也認為，兩岸統一最恰當也最適合習近平主政及有充裕時間處理統一後所會出現的各種內外問題。這些因應形勢改變而必須妥善面對的情況，要有時間解決和安排，故上述兩岸統一時間應屬合理。至於統一方式，自然依習近平所堅持的以和平為原則。唯目前大陸方面之惠台三十一條，以及其他友好措施等，如果仍無法有效改變多數島民和台獨思想，還死抱美國大腿反中時，則武統將定在「仁至義盡」之後；但假如台獨進行公投入憲，宣布獨立，則必然立即武統。故習近平堅持和平統一，對統一時間內心早已有譜，不過仍將依現實局勢發展，彈性因應。再者我們注意到，習近平迫不及待的全面惠台，並拉抬島內各傾中團體，就是要儘快「仁至義盡」，看結果是否收效。（2018.4.6）

美國之重利無義必自衰萎

自川普任美總統，從一個奸商躍登大位，一時不知如何狂妄才好，手握大權任性施展，像瘋狗般先不把各級官員當一回事，無視他們的人格尊嚴，尤其喜好揮之即去，招之即來，對外更任性，唯我獨尊，不講道義，在川普眼中不知何謂公正適宜，對世事均無責任感。因此在只知有我無誰，只要「美國第一」思維下，準備與他成見極深，恨其為何快速崛起的中國，打破公平競爭常態，一臉抹黑，祭出邪惡的大棒，挑起「中美貿易戰」，原以為這是重傷中國的利劍，達到他夢寐以求遏制中國的效果。殊不知中國早已勝券在握，宣布「奉陪到底」，甚至有看不下去川普嘴臉者也呼籲中國不必手軟，乾脆趁機拖垮這「人類敗類」的流氓國家。而更令美國吃不消的，是中美貿易戰殃及全球，引起歐洲大國群起抵制美國。於是川普自知危機，且對其大不利，乃厚顏從箭拔弩張而和緩，表示願雙方協商，以求得貿易均衡，收斂了撒野的妄自尊大的醜態。（2018.3.30）

川普挨了中朝一個悶棍

中國大陸二十七日宣布北韓領導人金正恩訪中，突顯了雙方傳統友好感情，並非如外界瞎猜，或故意造謠所能左右及挑撥破壞。金正恩訪北京當然表面是應習近平禮邀，這正是中華文化主張的「以大待小」之禮。特別當金正恩抵京，習近平伉儷熱情親切接待，並以高規格隆重迎賓，使金正恩有回到家的感受，若金日成地下有知亦將十分欣慰。這番習金會，選在金川會前，且採閉門會談，自然眾「智」成城，讓金正恩更有底氣。這件事令外界跌破眼鏡，包括美帝及莫名仇視朝鮮者，一一挨了大耳光，灰頭土臉之餘，只好厚顏指金正恩是大贏家等。不過習近平在經貿上逼退川普後，又在金川會前面授機宜於北韓，一方面使擁有可命中美帝各州的核武大國，有能耐與超級大國平起平坐，談判不受箝制；另一方面，也是針對美國違反上海公報，亂打台灣牌所採取的報復行動。故實質上可謂一箭雙鵰。無怪乎季辛吉曾忠告幾代美總統對中國只能合作，想鬥是絕對鬥不過的。何況今天的對手是雄才大略的習近平，則更無勝算可言。（2018.3.28）

國民黨重回執政的唯一作法

此次前國民黨主席暨現任新北市長朱立倫訪問大陸，與大陸新任國台辦主任劉結一舉行「朱劉會」，雙方針對兩岸關係表態。劉結一強調，大陸堅持體現一中原則的「九二共識」。朱立倫則說，國民黨所堅持的「九二共識」雖然意涵有些不同，但所堅持的原則，大家能互相一起包容。朱立倫自認為此言論可以唬弄「過關」，但已使大陸方面深感不滿，聽得出來朱立倫內心仍深植「一中各表」的另類意涵，或懼怕返台後面對吳敦義等堅持「一中各表」的該黨主流黨意。當朱立倫與大陸國台辦會談後，北京涉台智庫學者朱松嶺即以「有些失望」作評價。其實依朱立倫在台政壇作為，應非翻雲覆雨，具文韜武略有大作為、有遠見有理想者，而是安分守己的公務員類型，如寄予撥亂反正之厚望乃看錯人、選錯角。然國民黨要從崩解邊沿重振士氣，就必須要有像洪秀柱般在大是大非前勇往直前，能喚起黨魂，旗幟鮮明反獨促統，結合島內一切反獨促統人士，始能轉移低迷無望的窘況而「起死回生」，對國家民族拿出貢獻，亦不負孫中山先生創黨初心，自然解救了台灣兩千三百萬人的迷失，脫離美帝無形枷鎖，獲得自主，回歸祖國。（2018.3.28）

中美貿易戰不利雙方，白宮要回談判桌

有國際經濟學者推斷，中美如進入全面性貿易戰，美國得罪全球各國，打亂了世界經濟現狀，而對其本身最為不利。因為自二戰後，更仗著財富增加，不斷恃強欺弱，歷韓戰、越戰，又進軍阿富汗、伊拉克、利比亞、敘利亞、南斯拉夫、復挑撥兩韓及我國兩岸，被視為世上專製造混亂的國家。今見中國崛起無法接受，因此「機關用盡」欲阻撓其飛躍進步，有鑑於其他方法無效後，竟想以貿易戰壓緩，見不得中國百業興盛，濟弱扶傾、兼善天下，受各國擁戴佳評，豈知卻嚇不倒在經濟、政治、外交、軍事、科技、農、工業有龐大實力的中國大陸。川普此時想不把美國日漸「滑坡」不景氣，深自檢討，卻都一股腦賴在中國大陸頭上，連美國老百姓都「見笑」了。於是自知底子已薄，與中國大陸硬碰，必定頭破血流，被各方學者看衰。有人並預測，真開打可能美國落得提前敗萎。則對於底氣充足、人人濟濟的中國大陸將自然成為各國盟主及最受歡迎的國家。經再三衡量後，白宮只能軟化。（2018.3.28）

台大有學生不懂尊師重道

近來台灣教育界發生台大校長當選人遭教育部橫加阻滯達兩個多月仍未上任的情形。終於在日前經台大臨時校務會議決議，以絕對多數否決了「推翻管中閔當選無效」的企圖。在此先不談教育部違法，被黨派操縱利用的醜態不談，只是學生竟也不知天高地厚，捲入黨派鬥爭，尤不知尊師重道，給社會和其他愛惜羽毛，嚴守本分的廣大好學生極不正常的示範。從媒體報導，此項決議給教育部及台大少數不懂分際，自我膨脹，受人利用，使純潔的白紙被政治醜陋沾污者，一個當頭棒喝。應敲醒學校部分幼稚無知的青年學子。本來學生到學校求學，就是接受「傳道受業」，充實專業知識，陶鑄品德，進而達到變化氣質，為他日踏入社會有所貢獻，甚至叱吒風雲成就利國利民偉業，或為青史留名。凡有志青年，無不具此條件，單視各人努力與能抓住機遇而定。青年的可塑性無窮，只要努力便有機會。因此我們不贊同如報載，台大有學生參與反校長入校「陣營」，把自己侷限了，非常不智。(2018.3.29)

川普掀起中美貿易戰的後果

近來世局變化很大，肇因於美總統之輕佻，行事浮躁，一副唯利是圖的小人格局。為了不願見中國快速崛起，竟突然無明火起，厚顏將中國定為戰略競爭對手。完全讓世人見證到這個國家的不仁不義，毫無信用。典型的作風就是當他右手和你熱絡相擁時，左手已拿著刀子準備偷襲。這情形正如川普和習近平把臂言歡，笑顏未收便翻臉敵對。此時川普雖得意於對中國開始貿易制裁，旦明眼人已看出美國將會是損人八百，自毀一千。也把善良無辜的三億人民賠了進去。此可能是美國國力走下坡；和人民日子越來越不好過的開始。很顯然，大家都知道大陸銷美的廉價民生必需品，每年為美國人民少付出（節省）約四千億美元，沒有了中國貨，美國民眾立即受害。而中國這類商品可改內銷或發展其他國家通路。因此川普為了遏制中國，不惜其本國人民的福祉，我們訝異於美國人民竟選出個摧毀其民主精神的領政者，被其視為敵人的中國，好意思高興嗎！（2018.3.27）

大陸「堅持和平統一」的關鍵在於台灣配合

改革開放及海峽兩岸交流至今快四十年了，台灣獨派氣勢卻與日俱增，及至習近平連任的此時，也是台灣與美國相處的最佳時候。亦即自《上海公報》後所簽署與台灣關係法數十年來又一重大突破的《台灣旅行法》。顯然美國欲利用台灣壓制大陸已定案。雖大陸對此法之執行尚在觀望，也有大陸相關智庫認為並不影響和平統一政策之推行。換言之，大陸堅持和平統一不會變動。不過，我們發現事態並不單純。島內獨派既獲美國特別擁抱，認為台美關係大好之時正是獨派難得的機遇，必趁此時機有所作為。於是推動下屆奧運以「台灣」名義參加，放棄使用多年的「中華台北」。此外獨派大老都認為應多方努力，儘速在台美互為需要的目的之下，打鐵趁熱，積極準備獨立相關事務，以待不時之需。或以公投獨立。到這時，和平統一不但無法實現，反而可能必須兵戎相見。因此大陸和平統一與否，就要看台灣是否配合而定。假如台灣宣布獨立，想必無法堅持和統了。（2018.3.25）

美國是鑽到別人家裡捉老鼠的國家

我們常聽人說胡亂管別人私事的人，往往被指為多管閒事，用難聽點的話諷刺就是「狗拿耗子」，也就是認為不該去管的事硬要去管，就像抓老鼠（俗稱耗子）本該是貓的事，卻讓這狗去辦了。這情形有點像美帝，世界上各國的內部事情，美國常不遠千萬里，甚至勞民傷財；哪怕使其青年死亡，皆在所不惜，一定要去管別人閒事，蹚其渾水。最離譜如敘利亞內亂，美國竟支持叛軍，主要認為對他國家最有利。又如台灣及南海問題已然成為美國逞其私利的棋子，美國明知台灣與中國領土從未分割，南海亦自古為中國領海，卻把中國家務事硬加予國際化，以便伸手進來添亂。更荒唐的指稱兩岸及南海等，與美國利益有關係。這正如我國俗語「狗拿耗子多管閒事」一樣。不過今日美國對台及南海應是怎麼也站不住腳，公然干涉到中國內政。這瘋狗竟跑到別人家裡來抓老鼠，天下有如此奇觀嗎？我們望大陸早點給這狗一點教訓，也是為世界各國除害。（2018.3.25）

世界亂源的美國在祈禱
第三次世界大戰

日前美國智庫在世界正走向祥和，北韓金正恩亦與文在寅握手，並願和川普全面談廢核之際，卻語出驚人，列舉十八個大國衝突點，可能引爆第三次世界大戰。並指明今年中國和俄國會在所有戰爭領域挑戰美國。又從戰略、技術、作戰原則和政治外交等四大範疇列出可能出現的十八種突發狀況，其中多半與中國有關。如中國發起對美網絡戰、升級南海行動，甚至對台動武等等。總之中國大陸在南海和台灣問題，習近平一再宣示和平，終不為一向在國際上不講信義、為利忘義的美霸所相信，也是「將心比心」正常現象。再看當金正恩表示願見川普時，川普竟提北韓應先廢核才願見面，豈不是不願和平？以此推翻相見的機會，要繼續對立避免兩韓和好甚至走上統一，這和台海一樣，分裂互鬥的狀況對美國最有利，否則連南海都無法插手，又怎能重回亞洲興風作浪？故必須設法在兩韓、兩岸、東亞，四處點火，以便趁火打劫、混水摸魚，才是美帝樂見的。（2018.3.25）

大陸似在期待台獨夢醒

自《台灣旅行法》在川普迫不及待，到手即簽成生效後，馬上就有美高官副國務卿訪台，而台灣高雄市長亦在第一時間訪美。大有給大陸點顏色看看的意味，顯然這些你來我往的情形絕非臨時起意，而是早有設想的安排，是配合該法案的。然而對這項重在宣示和挑釁式的舉動，美台雙方卻口徑一致，對媒體只說僅屬巧合，且是早已安排好的行程而已。這就像扒手偷東西，硬說是揀到的。至於大陸涉台人士好像信以為真，故對《台灣旅行法》的落實，仍盼其是個不會真正推行的空頭法。殊不知這也是大陸智庫早看出台獨一貫的得寸進尺切香腸的手法，一截截地走向目標。既已洞悉台獨作法，不知為何還希望《台灣旅行法》不會實施，或喊話「膽敢實施」及「不排除台海危機近在咫尺」，但這法案其實已在實行，是進行式了，美台對外卻都說尚未啟動，就只為了說給大陸聽。故面對台獨分裂勢力不能永遠等待其會夢醒，應化被動為主動，才是遏獨滅獨有效之道，避免拖拖拉拉徒誤時誤國。（2018.3.25）

蔡政府到底是何「善意」

回憶蔡英文領導台灣後，便不斷向對岸釋出「善意」，也希望大陸對台還以「善意」，轉眼近兩年了，仍「善意」不停，但背地裡卻似惡從膽邊生，恨自心中起，狠抱美帝大腿，還與視大陸為頭號敵人──美帝一拍即合，加碼向美軍購，公開輸誠，巴不得把可愛的美國當祖國，來個「認祖歸宗」，一了百了，免得再受對岸硬要「一家親」的氣。然而就在對岸不斷餓虎撲羊般下硬認了「一家親」外，不料還來個「心靈契合」，並發出最大的善意──「堅決和平統一」和「一國兩制」。對岸竟完全會錯了意。要知道蔡英文的善意是，大陸必須明白她希望維持現狀。換言之，就是維持中華民國存在的現狀。這樣一來，彼此可以稱兄道弟，或互為姐妹皆可。談統一，實在傷感情。會逼得她一頭栽進老美懷裡。因為台灣政治人物不論國民黨和民進黨，凡有機會當選總統者，百分之百不願任特首，更不想成為被李登輝滅省的省長。因此兩岸「善意」是各不相同、背道而馳的，將永無交結。（2018.3.24）

世人應看清美國的嘴臉

一向只重視自身利益的美帝，永遠只會用那雙陰狠的鼠眼看世界，加上與生俱來的狹窄心胸，終於在無法容忍看見中國不斷飛黃騰達，而爆發了「平地一聲雷」的舉動，向憎恨在心久矣的「和平崛起，與人為善的中國」，進行「翻臉不認人」式的「對華貿易宣戰，指明對大陸產品徵收約五百億美元關稅」。儘管大陸當局隨即表示報復，決心奉陪到底。但究竟內心對美帝翻臉無情、言而無信，寧可為了阻礙中國發展，不惜損己害人，感到難以置信。唯事實擺在眼前，其前奏已由違背「上海公報」而通過《台灣旅行法》，以支持台獨不顧信譽，又在與習近平「痲吉」一陣後，當習近平當選繼續領導後故意不予祝賀，而對普丁則立即賀其連任，可謂機關算盡。面對這樣不仁不義、道德掃地的無恥國家，大陸應研議長遠應對之道，以防賊防奸對待。正如毛澤東對待惡劣者的方法：「你到我家來，我到你家去」、「人不犯我，我不犯人，人如犯我，我必犯人」才行。（2018.3.24）

當台灣遇到美國

自從稚嫩的台灣遇見貪婪老奸巨猾的美國後，旁觀者都替台灣捏了把冷汗。原因很簡單，這情形就宛如一位剛從象牙塔出來的閨秀，不幸就遇見了個飽經事故、油嘴滑舌、風月場上的老手，任誰見此無不替涉事未深、善思難辨的楞楞小閨女提著心吊著膽。因為她已在餓虎血盆大口下面，卻渾然不知。回頭來看目前台美畸形狀況，連島內媒體都對台執政者提出擔心的警告，莫被玩弄各國慣了的大老美，用老練常用的手腕，耍弄利用。我們對此局勢都看得很清楚，正如台灣前國安局長蔡得勝指出：「我們永遠是棋子」，被老美任意玩弄，還美滋滋的滿心得意。真是被別人賣了，仍傻呼呼地幫別人數鈔票。殊不知我們政府還在與只會占便宜的「沙場老將」眉來眼去，不知危險將至。現在幾乎全世界皆對美新政府不信任，隨時自我警惕，惟恐遭其傷害，只有台灣懵然不覺，這極易造成致命傷，屆時生米煮成熟飯，必然後悔已晚矣。（2018.3.23）

真正對大陸制度不通的陳明通

大陸十九大後，台灣陸委會主委換由號稱最懂對岸的學界人士陳明通擔任。他對自己的「大陸通」頗有信心，認為必能突破悶、冷的現狀。而民進黨與廣大台商也寄以重啟與大陸海協對話能力，不過陳明通在台灣政府否定「九二共識」情形下，顯然無力與大陸官方「通氣」。九二共識之所以重要，在於它的真實內涵是「一個中國」。台灣為何不能承認九二共識，關鍵是一旦承認了，則立即成為大陸的一個省；或一個地區，總統馬上變成省長或特首。這是台灣任何政治人物所絕不願意的。此外，我們再依媒體介紹他是「大陸通」一事來看，其實他根本對大陸了解僅止於皮毛，單從他「鼓勵大陸民主化」一點，即知其太不懂大陸了，更證明他未讀過共黨革命元勳們的著作，連《毛語錄》都未看過。只是跟著兩蔣時代將共黨妖魔化，陳舊落伍、不求甚解、人云亦云，誤以為共黨制度非自由民主，殊不知其屬另類真民主，正是所謂依法治國，以人為本。選舉也是由政治專業中選出，主要選出精英治國。（2018.3.23）

大陸對美國不能用善良公正方法

我們冷眼觀察美國，總從其對內永遠無法消除種族歧視，對外無信義、欺凌弱小，凡與任何國家交往，不惜詭詐奸猾處處以占便宜為快，仗其「大國好戰」軍事強大做後盾，不把世上任何國家放在眼裡。特別看不得有國家發展將追上他。故像中國這樣的大國突然崛起，直趕上其綜合國力，儘管中國與其無仇無怨，且一再順應其需索，大量購其國債應其急，然川普及國會仍在一面與大陸熱絡交往時，另一邊卻大力支持台灣分離勢力，絕不讓台灣和大陸走向統一，以降低美國對大陸的敵對籌碼。這情形數十年不變，大陸應早已見慣。既然深知如此，對這種不講信義者亦應另擬對策。像警察要比壞蛋更壞，始能制服壞蛋，只用君子方式必然面對標準小人會吃大虧。因此我們建議面對衣冠禽獸般枉顧道義、信用，只重勾心鬥角、弱肉強食者，亦應以牙還牙，展開巧鬥，處處採取主動主取。對台灣問題長期被動，致總落得「堅決反對」的不痛不癢制式反應，更起不了抗議效果。（2018.3.23）

美國有許多根本不懂中國的中國通

當祖國大陸在全民期望下完成修憲以適應國家需要，將進入新一階段大發展之際，凡不願中國之盛世到來，且昌盛得任何阻攔皆無法得逞情況下，不約而同透過媒體唱衰。首先是長期失去公正客觀，視中國為敵的《紐約時報》，不出大家所料的，忍不住指習近平「集權」，將使政令出現混亂和失控。而另一位在美國外交委員會被稱為中國專家的易明，自以為是的指中國在自上而下方式運作，會使來自市場和公民社會的信號，不能很好的發揮作用等等。這種看法其實是完全不懂中國，先不談我國數千年歷朝歷代便行「天聽來自民聽」，毛澤東自領政便把人民放在最高處，曾謂如不給人民自由民主，滿足人民所需要的一切。否則任何政府一定垮台。如今全民負託習團隊繼續為民服務，節省時間換金錢，繼續努力完成內外待完成的偉業，使中國夢得以早日順利完成。由於「中國特色社會主義」組織特殊，由下至上非常通氣，渾然一體，在人民眼中是授權辦事，讓政府好辦事，服務全民。（2018.3.22）

習近平震古鑠今與震聾發聵的演講

三月二十日在兩會閉幕式上，習近平一番罕見高智慧的演講，應屬人類奮鬥的指標。他指出中華文化的博大精深，是真正有益於人類和諧互助，共同走向富足康樂之途的基石。因為今天人類科技瘋狂發展，而人的內涵卻仍停留在叢林野獸般，弱肉強食，適者生存的激烈競爭、殺伐不斷的狀態中。人們生活在爾虞我詐永不得安寧的環境裡，無法獲得真正安逸無憂，脫離禽獸惡鬥奔逃以延續生存的模式。而最典型的覓食嗜血國家，則以號稱文明的美帝莫屬。究其原由，即達爾文進化論之長久進化，並無法像中華文化之博大精深，能教育人類脫離禽獸思維，去除尚未拋棄的衣冠禽獸外衣，把張牙舞爪變成心靈契合，攜手共進同享美好格調「人」的應有生活。習近平有悲天憫人的救世雄心，獨醒的智慧，以曠世能力推行中華頂尖利於人類良性發展，可至世界大同，成就地球處處桃花源的偉業，必將重寫世界歷史，使我中華高超文化照耀古今。使人類寶貴精力與資源不再浪費於軍事上。（2018.3.22）

中國大陸新人事調整重在由強韌的積極性者擔綱

備受全球矚目的中國大陸人大、政協兩會圓滿閉幕了，其重頭戲的人事案也已順利排序妥當。從媒體報導，我們可以發現到人事安排的取向，是以除對專業熟習外，另一項是重視人格特質，即不但能勇於任事，還有開創性和頑強拚搏精神。因為當今國家雖已全面崛起，各方面均在開創起步，而外部環境並不平靜，列強仍虎視眈眈，見縫插針緊緊盯看，欲隨時找到可以打擊的弱點漏洞，故仍須強人領政，其團隊自亦「強將手下無弱兵」，要個個驍勇善戰、不畏強敵，更能制服強敵而不被侵害。同樣對內部不斷出現的貪腐問題打擊，不可稍有鬆懈。各項重大建設、科技創新、軍隊革新等等，均需要學識淵博、手段高強者來領導統籌。何況還有一拖數十年未能達成的海峽兩岸統一問題。既然大陸朝野十四億同胞及五千萬愛國華僑關心的大事，都得靠新領導班子努力完成。此時外界媒體乘機挑撥分化，指某人被冷凍，或某人被架空等，不一而足。唯知真正原因後，一切都視需要而已。（2018.3.21）

大陸是否武統台灣，主要取決於小英而非習近平

近年來由於自台北太陽花學運後，蔡政府便不動聲色如鴨子划水般多方努力建立台獨分裂國土，朝正名方向積極前進，如今已呈表面化了。隨後在取得領導權後，又從鞏固台獨勢力，多方面去中國化，主張新南向，鼓勵台商往東南亞走。此外，在台獨大老等支持下，有冒進傾向，除已獲得美國議會通過「台灣旅遊法」的外交突破，更努力以「台灣」名義進入聯合國，希望成為與大陸不相關的另一國家。於是台獨長期努力追求的獨立建國即可實現。不過就在台獨黨蔡英文加快步伐勇往直前搞獨立，並擬出應對大陸打壓的若干方法時，習近平針對蔡政府在獲得美國大力加持，狂喜之際，突然嚴厲警告，不容外國勢力打台灣牌。同時特別強調每寸土地不容分割。還強調「法理台獨」和「漸進式台獨」均不容忍。因此如果蔡政府硬踩此幾條紅線，而習近平又難容忍，則和平統一勢必不得已將改為武統，否則堅持和平統一，只能眼睜睜看著台灣慶祝獨立成功。（2018.3.22）

陳菊在美談話亦屬廢話連篇

陳菊以台灣高雄市長身分訪美，答覆美方詢問兩岸關係看法，仍是老生常談，廢話連篇，沒有新的構想，官樣文章，外交辭令。然而台灣報紙的反應卻認為其高度勝賴清德。我們覺得陳菊老奸巨猾的言論，言不由衷，倒是賴清德尚有醫師本色，心想什麼嘴上就直說，搞台獨就搞台獨，表裡如一。而陳菊搞了一輩子台獨，卻總對外「顧左右而言他」。尤其在外交場合上，愛繞著圈子，拐彎抹角談話。對兩岸問題只談空話，不碰國家民族大是大非，強調民進黨與共產黨不像國民黨，有長期鬥爭史。但我們認為國共兩黨對台灣並未要分裂出去，而民進黨搞獨立是十四億同胞與台灣愛國同胞所無法接受的。試想大陸在陳菊出國前即明白宣示堅定不移行和平統一，及一國兩制尊重台灣現行體制，台灣之美式民主照舊，並沒有因統一而失去。和平統一則是美國林肯都不採用的，更沒耐心，大陸對台一等幾十年糾纏不斷，這實在是無盡的善意，重在避免同胞相殘。但民進黨卻認為讓台獨立才是善意。

（2018.3.24）

蓋棺論定談李敖

在台灣爭議性極大，知名度最高的史學家李敖，於三月十八日病逝，結束了他不平凡的一生。褒貶均多，唯不一定準確，必須歷史作全面性專業研究方屬客觀公正。我們只就他一生言行作局部分析，及其友人對他的評價反思一二。首先他的婚姻生活值得討論，因媒體大肆報導，對社會，尤其青年有不良影響。細看媒體談其婚姻與戀情，對第一位情人王尚勤，可謂不負責任。感情淡薄並不專一，而對電影明星胡茵夢，更是兒戲胡鬧，一百一十五天婚姻即告終，參加其婚禮親朋好友宛如受騙。他一生我行我素，唯我獨尊，在威權時期不知韜光養晦，明哲保身，以致乃一再坐牢，此種行為自古不為智者所取。此外，其政治觀仍頗受胡適等學者全盤西化主張之遺毒，應屬落伍。其在北大演講，譁眾言語多，震古鑠今者無，而藉機推銷西式民主，足證其未深入了解；殊不知「中國特色社會主義」才是使大陸快速崛起的良制。李敖在青年面前總言不及義，絕非好示範，是誤導青年。以上是我們觀點。（2018.3.20）

小英對大陸的兩手策略初見成果

海內外媒體及島內學者等，凡談到大陸對台措施，總不出「硬的更硬、軟的更軟」的原則，幾乎一成不變。而言下之意，似被譏為了無新意，讓島民無感，不予重視，認為說說而已。

但蔡英文對大陸的兩手運用，卻是絲毫不含糊，一方面軟軟的不刺激大陸，使大陸無法「硬的更硬」，加以穩住外，另一手綿裡帶針，積極落實去中國化，多方抵制大陸「軟手」進襲，同時深耕美國，終獲得惠台大禮「台灣旅行法」，突破了美台多年官方（含軍事）交流互訪的限制。而面對大陸外交方面的強烈抗議，在美、台兩邊面對大陸一貫的「制式」反應，似以「你奈我何」視之。不過我們認為「只爭朝夕」的習近平，應不會吞下蔡英文得意的「成果」。儘管台灣朝野仍持輕視大陸態度，我們認為習的延任必與統一台灣為主要原因之一。故小英之快步趨獨，定將落得速統的結果。（2018.3.20）

台灣當局已聽煩了大陸各式各樣的空頭警告

大陸官員常常透過電視等媒體公開宣示，堅定地反對對台灣往分裂方向走時，江澤民和朱鎔基均曾嚴厲抨擊，並慎重其事加以警告，還演出「空砲彈」的「神劇」，造成投台的解放軍上校遭李登輝「出賣」而被大陸槍斃。此後大陸方面只要發現有分裂行動，大陸便迅速提出警告，唯恐這股邪氣蔓延。但由李登輝、陳水扁、馬英九、蔡英文，可謂年年受到多次被大陸指責和警告。但這類針對性警告，除在胡錦濤主政時在警告台灣之餘，還研訂出「反分裂國家法」，同時宣稱台灣從未與大陸土地主權分開過。不過就大陸改革開放以來，對岸不知對台發出過無數次警告，卻隨著歲月流逝，無一次警告兌現過，到如今趨獨的民進黨主政，第一時間便抱緊美國朝野，往有台獨獲利的方向努力前進。面對「老生常談」式不痛不癢的「警告」，就當耳邊風罷了。因此島內無論平民百姓，或執政者對大陸警告從沒有重視過，這情形值得大陸方面檢討。無效警告不如沒有。（2018.3.21）

中國大陸對出現「準漢奸賣國賊」應嚴格處理

在媒體上看到侮辱國家行為，亦有身著侵略我國任意殺戮極無人性的日本兵模樣者，先後出現在南北兩地公共場所和觀光地區。又香港亦有公民公然辱國情形。對於這些不尊重自己國家，或對抗日英雄、壯烈之士犧牲毫不尊重，對在敵人砲火及刺刀下慘死，或抗敵陣亡的同胞不但不敬仰憑弔，反而厚顏諷刺耍弄，一副懷念被侮辱欺凌的醜態。對於這些賤骨頭，不知廉恥盲目媚敵的國人，應嚴肅對待，不可輕忽。因為此類思想偏差的人，如不慎重加以有效糾正，將來必成劉曉波、劉賓雁、魏京生、王丹、方勵之等社會毒瘤。因此我們認為這類人，很容易被國外反華敵對勢力利用，成為不利國家正常發展的阻礙。並影響社會平靜，造成不良示範。對這類頭腦不清者，必須特別加以強制輔導教育，讓其參觀國家受列強凌辱實況展覽，閱讀各國侵華史，經考試合格，證實思想獲得改正，始准離開特殊輔導院。如此將減少或消除被反華勢力利用的棋子或走狗，增加敵對力量。（2018.3.19）

陳文茜說時代配不上李敖，實為不恰當欠思考

報載對李敖過世，名嘴陳文茜十分傷心，她說五四運動明年就是一百周年，五四運動所主張的自由主義、個人主義，到國家民族大義，至今蕩然無存。放眼百年，唯一一人只剩李敖，如今連李敖也走了，她只能說他在每個時代都不合時宜，但其實是時代配不上他。陳文茜對李敖最終評論，頗不真實，中外古今凡「大時代」人物，皆能改變或創造時代，沒有什麼配不配得上的問題。譬如孫中山、毛澤東、鄧小平諸偉人，是扭轉乾坤，拯救民族，是真正的偉人。李敖只畢身偈促一隅，專與威權政府鬥爭，思想囿於西方民主，未見突破，而對博大精深儒家「做人」的理論思想卻未鑽研，可從他對兩性關係等言行得到證明。其出現在媒體前的言行，也以譁眾、標新立異者多，少見如季羨林般，一開口即對社會會國家和人民有正面效益影響，能轉移社會風氣，引領青年走敦品勵學，對國家人類具貢獻的宏偉前途邁進。所謂創造大好時代，絕不是要時代來配合。（2018.3.21）

台美之間第二個級別最高的「台灣旅行法」已開始實施

繼「上海公報」後，中國與美國簽署了「台灣關係法」，經數十年，迄今又簽此級別極高的法案，且立即生效，無可否認，這是台灣台獨陣營一大勝利。蔡政府並已準備依此法，派出經貿高層官員訪美。很顯然美國意識到支持台灣走實質獨立，才是遏制中國最好的策略。而台獨也正需要美霸加持，以便放手大步向最終獨立成功邁進。儘管大陸警告台獨人士不可因錯誤判斷，不顧踩下大陸所設的紅線，但經驗告訴台獨，大陸自朱鎔基以來，不知對台警告多少次，終究空話一場，故已習慣各種警告與威脅，何況台獨蔡政府已獲美國政府公開宣布要作台獨後盾，將以美國強大智庫，配合軍事力挺，有意促使台獨黨早日完成獨立建國，「真除」目前準分裂的「中華民國」而正名為新的國家。對此因有美國真實協助，已給台獨打了強心針，於是趁大陸對台定調長遠之計，逐步進行「心靈契合」時，正是推動落實獨立最佳時機，可穩操勝券，完成夢寐以求的獨立「偉業」，大有統一趕不上獨立之勢。（2018.3.18）

當台獨急驚風遇到統一慢郎中

談到中國海峽兩岸統一問題的時候，凡是中國人，無不知道其重要，在此不須多談。但對於統一，過去是急不得，原因是大陸各方面條件不足，談統一只屬空話。然而自改革開放後，特別是習近平主政，國力大振，各方面都展現力量，然而涉台機構和研究台灣問題的學者專家等，總令人感覺慢吞吞的，透過媒體表達的，也是不急，要給島內朝野一點時間，專以最近大陸人大、政協兩會期間公布的惠台三十一條，也是要長時間落實，無法立竿見影，且大陸相關人士散發出的訊息，仍是不能急，有媒體問是否有統一時間表，答沒有，頓使島內統派失望。而轉臉看獨派，則自馬英九主政，就已有計畫、有步驟，積極多方推進，終依計畫取得政權，在加快鞏固獨立根基上下工夫，從島內延伸到美日，終獲得美參眾議會一致大力支持，並得川普迅速簽成的惠台法案，馬上台灣經貿高層便將訪美。同時擬好八點反制大陸三十一條。與大陸糾纏，而趨獨更為積極，兩岸問題主動權已操之在台獨手上。

（2018.3.18）

收回台灣與外蒙才是習近平延任的主軸

在習近平依新修憲法必須延任，以施展長才為民服務，為國家壯大作實質貢獻。兩岸愛國同胞在額首稱慶之餘，認為設法儘快使台灣回到大陸懷抱與十四億同胞共享茁壯紅利外，不應忘了當初蔣介石為求蘇聯不支持中共，竟任由蘇聯巧取豪奪，把物產豐富的約四十三個多（一五六點四一〇〇平方公里）台灣大小土地輕易送出，成為蘇聯附庸，及至目前，由於蒙古議會前後有四十餘次通過要回歸中國。唯時處二〇〇〇年以前我國力未張，遭美、俄從中作梗，中國大陸無力伸手而未果。如今兩岸愛國同胞共同的期望，即如探囊取物般收回台灣之後，就應將惠台三十一項，擴及外蒙古，甚至用極自然不必故作張揚的，以攜手發展方式，與外蒙同胞相親相愛，無形中與內蒙融合，成為兩蒙一家親。一旦外蒙議會再通過回歸，習政府必伸出溫暖的雙手熱情接納十二萬分歡迎，更有能力排除美、俄、印、日等干擾，使我前門台灣和後門蒙古一一歸位，則習近平的中國夢才算完成，名垂青史了。

（2018.3.14）

蒙古人透露出身為小國的悲哀與無奈

台灣一位研究東北亞問題者，日前與韓國朋友與蒙古朋友煮酒聊天，南韓人認為他們國家是以「忍」事大國，好像一切要等大國安排，由大國說了算。所謂忍氣吞聲，就不管尊嚴了。不過就在冬奧會上，驚見北韓牡丹峰團長玄松月身穿貂皮大衣進入南韓，這位曾被外界媒體指已遭狗咬、槍決的重刑處死已久的人，竟好端端地在眼前活動，又見北韓代表團生氣勃勃，重重打臉南韓最高情報機構。同時見北韓充滿自信，坦然的氣勢，令他感覺南韓相形之下，沁起莫名的自卑沮喪，似有被大國壓制的苦悶，而至於蒙古朋友，述說他們是「以滑逗大」，應付各大國。他說在中、美、俄之間，要能挑起他們彼此矛盾，誇我們好，便回以要給我們獎金，或金援先來，重要是與各大國保持等距離，尤不可痴媚一國，否則就等著大禍臨頭。聽了南韓和蒙古人的肺腑之言，感到小國人民的悲哀，而台灣亦復如此。不過最有機會一朝成大國民的，是台灣和蒙古，只要回歸大陸，立即就頂天立地不用低頭了。（2018.3.18）

美國哈里斯的無恥「重申」

美國太平洋司令哈里斯，如同在韓戰吃敗仗而徒具虛名的麥克阿瑟，愛發狂言，自我膨脹。本月十五日不堪寂寞的大放厥詞，認為中國軍事支出和能力逐年增加，台灣自衛能力下降，美國必須幫助台灣自我防衛，並表示美國無法接受中國大陸以任何用武力迫使人民統一的企圖。首先我們要駁斥粗野不知國際禮儀的哈里斯，他可能站在船上太久了，而忘了文明禮節，無知自大的對中國內部事務說三道四，不知自己是何物。正如你在素食店用餐，我突然衝入向你警告，不准你吃肉，同樣莫名其妙。未來海峽兩岸如何統一，是雙方內部事務，任何國家皆不宜置喙。至於將來以何方式統一，大陸不是強調「堅持和平統一」的大政方針嗎？哈里斯應早已知道，其以上言論徒表示失當復顯得無禮，要明白軍人職責在保家衛國，不是成天四處尋釁，沒事找事，自找沒趣，可謂狂人手下多狂徒，頗令人望之生厭。（2018.3.19）

兩岸促統惠台與抗統保獨

據媒體報導，由於川普在與習近平把臂言歡，熱線頻頻，宛如知心好友，一切好談之際，美國竟通過了台獨政府最願見的「台灣旅行法」，即今後台灣與美國官員可互訪，軍機、艦等可進入台灣。台外交部長可訪美國華府，針對台灣的漢光演習，可讓美國軍官穿軍服觀演。美國次卿亦可隨時來台等等。總之等於兩個正常邦交的「國家」自由交往般，再不會有不愉快事發生。此法通過後，美國似已盤算好，應付大陸的方法，死不承認這事會發生抗陸和利美情形，骨子裡卻認為大利台灣朝野，為台獨份子打了一劑促獨拒統的強心針。多年來祖國大陸對核心利益的統一台灣，應急不急，老神在在，交流了幾十年，台灣民心更遠離統一，潛意識非讓利所能改變。近日頒布的惠台措施，到底會對台施政有哪些影響？眼前觀看，台政府從容研擬八項對抗辦法，似無懼大陸謀交之辦法，認為那是長期推行始能見效，到那時說不定已獨立了。兩岸想得南轅北轍，有得磨的。（2018.3.19）

「台灣旅行法」生效後的兩岸反應

大陸十九大後，台灣積極在美國推動的「台灣旅行法」，通過美國參眾兩院，並於十六日由心裡一直討厭中國的美總統川普簽准完成立即生效。我注意到大陸外交部立刻表達對美抗議，指其違反兩國多年奉行的一個中國聯合公報等，但看在台灣民眾眼裡仍屬老生常談，對美台各方叫叫而已，多年來這類警告已常態化了，幾天後必船過水無痕，終究有海峽隔著，各吹各的調，何況美國舉國支持台灣新政府走反中抗中追求獨立，最合美國利益。而有強大的美國為後盾，勇往直前，對獨立亦有急迫感的蔡英文，勢必不理大陸對台獨的長期打雷式的「空警告」。大家均體會過，多年來大陸對台各種警告已數不清，卻沒有一樣是兌現的。尤其如「台灣旅行法」，明明是台灣提出，並巧妙運作成功，大陸不找台灣，卻找上美國，就跟台灣向美採購武器，大陸均只向賣方抗議，找錯對象，自然「白費蠟」，又怎會有功效。其實大陸讓利應全面性，以三十一項為基礎，什麼都讓，才能使「旅行法」失效。（2018.3.17）

美國官員對中國有「原恨」

基督教主張「原罪」，世人均應不斷贖罪以保平安，做個耶穌的好子民將進入天國。然而美國官員們眼看中國快速發展和平崛起，且不斷與人為善，不走列強過去每次強盛，立即以船堅炮利，欺凌弱小，燒殺擄掠無所不為的老路。唯當今中國掌握西洋各先進科技後，主要讓長年貧苦百姓都過上好日子，剩餘力量便對外扶助弱小，鞏固疆域，貢獻世界，甚至大量借錢給美國以救其急。但萬想不到，更百思不解的是美帝這個國家似「恩多成仇」、「恩將仇報」，對他再好都不領情，只是看不得你好，尤無法容忍你比他好。就像川普新任命的白宮國家經濟會議主席暨首席經濟顧問庫德洛，屁股尚未坐到其新職辦公椅上，便迫不及待地宣布將聯合盟友們對抗中國，好像中國正在攻擊美國，這種武術中「出門如見敵」、「無風三尺浪」般無冤無仇便看不順眼的叢林思維應已陳舊過時，人類不該仍停留在禽獸般鬥爭低等活動中，應以仁愛互助精神追求「大同世界」的理想。（2018.3.17）

影劇造假好萊塢應屬泰斗

美國是個極善宣傳的國家，其媒體鋪蓋世界各角落，主要宣揚政經制度推銷美式民主等並透過電影締造美國強大的種種。當人們深入了解其編劇用心，會發現很多劇情誇大不實，甚至歪曲歷史，以期達到改變其實際失敗對世人的不良印象。最造假膨脹的影片，如越戰影片，竟把吃敗仗改成大勝，美軍在越戰中英勇智謀和戰技，已至出神入化，再配以精良先進武器，於是在戰場上神出鬼沒，戰無不勝，官兵堪稱神兵，而在螢幕上精彩的表現，不斷博得觀眾掌聲，然而事實完全相反，卻是被北越鬥志高昂的抵抗軍，打得灰頭土臉、走頭無路，恐傷慘重。因而美國青年逃避兵役花樣翻新，據聞柯林頓總統就是當年逃過服役怕死的青年。又如在台四處以單車為交通工具傳揚摩門教的，多少是以此逃避兵役的。原因是一旦當兵被派去越南，則慘死的機會很大，這可從美國作家所著的韓戰與越戰書籍中獲知實況。由此我們希望大眾電影能真實演出。（2018.3.17）

國際糧食專家最近指中國糧食改良技術可養全球人

祖國大陸雖人口眾多，十年前全國人口普查統計為十三億七千萬餘，迄今未再普查，但一般保守估計，應不少於十四億或十五億。許多年前，據說歐美學者均對大陸必因人口多而無法解決諸般困難。原因是美學者認為如大陸人口超過八億，以其農業生產面積，終將被吃垮。大家可以拭目以待。但如今人口實際估計已超出太多，不但沒吃垮國家，反而成為坐二望一，很快將可能成為第一大經濟體的富強國家。其中一個重要原因，是多年來大陸農業創造了奇蹟。日前的調查報告，大陸只用百分之七強的農地，竟養活了世界上百分之二十的人口，解決了這麼多人口的大國吃的問題。甚至可養活地球，故被各國糧食專家佩服至極，認為是「農業上的奇蹟」，這些經大陸專家改良成功大量增產的糧食計有：「海水稻」、「巨型稻」、「雜交水稻」、「黃淮第一麥」、「百農短抗」等都是國內科學家艱苦努力創新的結果。打破人口專家指稱八億便崩塌的認定。多年來增糧技術已輸出。（2018.3.16）

「中國人滾回中國去」是沒讀書的反中粗人的瞎說

在台灣，自從兩蔣作古後，在李、扁、馬主政，每逢「二二八」的日子，過去曾因這場不幸事件受到傷害的後代，總會辦些紀念活動，然在陳水扁時代起灌入政治操弄，把紀念活動注進政治因素，並由單純的懷念檢討，發展成仇恨行動。到蔡英文更變本加厲，放任仇恨擴大，造成對族群間的分化、衝突、對分裂份子粗暴行為不予制止糾正，如此下去，社會將更不平順。而在台灣聽到的「中國人滾回去」的聲音，多年來對此說法卻無人注意其錯誤，原來依「中華民國憲法」，也就是蔡英文當選總統宣誓就職的「中華民國憲法」，明白告訴大家，中國領土從未與大陸分開，而大陸「中華人民共和國憲法」也從未把台灣剔除。因此，應該依法讓不願做中國人者，滾出寶島台灣才對。我們感到台灣異議份子都如此無知嗎？或者被台獨耍弄仇恨，而竟泯滅良知。要知在大陸憲法裡，明指台灣為其神聖領土的一部分，完成統一是全國同胞包含台灣同胞在內的神聖職責，更足證反中之謬。（2018.3.15）

蓋棺論定的蔣介石

最近因二二八紀念日，發生許多事端，最令人看了不舒服的要數慈湖蔣介石靈柩暫厝處，突有黑衣青年數人，用紅漆潑滿大理石棺材上，保安人員制止無效，以致徹底污染後揚長而去。蔣介石的事蹟談者眾，正反評價皆有，在台灣多為正面褒者多，其「豐功偉業」大家皆耳熟能詳。唯另類評價卻鮮少著墨。其實據美國派來中國擔任美軍首要軍事顧問的史迪威，就認為蔣介石完全沒有價值，他不願用兵打日本，更不聽他人意見，剛愎自用。並指蔣不知自己很快會失去政權，因為其內部早已潰爛，抓來的兵鬆散難以打仗，軍官多「吃空額」，軍紀亂，失民心。在史迪威眼中，蔣介石領導的國民黨軍外表龐大，武器優於共黨「紅軍」太多，以致蔣介石會認為不出半年必滅共軍而一統江山。豈知卻應驗了史迪威的預言，終不得不逃退台灣。在台蔣私密組建「白黨」，竟把日軍屠殺中國人最殘暴的侵華軍總指揮岡村寧次請來，要這幫殺人魔再有機會對中國人大開殺戒，難道為了一時攬權什麼事都可做？豈非想掌權想瘋了。（2018.3.15）

中國大陸依法治國就是民主表面化證明

在歐美式民主自由國家裡，之所以能維繫自由民主狀態，靠的就是鉅細靡遺的法律，因法律的鐵面無私而使政府機器正常運行為民服務，並得以保障人民自由、民主完善的人權。然而往往由於國家各級民意機構的代表及領導人，均是由百行百業不懂政治者投票選出一些同樣非政治專業的人，以致當政後理政不利，失誤連連，使得法律鬆弛無公信力，於是目無法紀者紛紛欺壓守法者，法律遭錢勢玩弄。這情形在民主國家不斷上演，終為善良百姓所詬病而感到痛苦。然中國大陸自建政迄今，一直奉行「依法治國」至胡錦濤主政更倡「依法治國以人為本」，強調法律是為人民服務，保障社會主義下人民必須享有民主自由，一切均有公正無私的法律執行，使人權彰顯，不僅如此，且已擴至動物，尤其瀕臨絕種的禽獸，全依法保護，甚至廣闢濕地，為的就是使禽獸們有繁衍的好地方。因此，外界總污衊大陸不民主，這完全是不求甚解、人云亦云、盲目批評，真的患了幼稚無知之病。（2018.3.13）

唐鳳的小聰明展現不成熟

唐鳳是台灣政府破例拔擢，對新科技等有相當研究的優秀青年。讓她進入被稱「不管部」政院擔任政務委員。她曾在去年透過數位機器人，出席聯合國辦理的網際網路治理論壇，以「出奇招」方式進入該論壇，曾一度引起大陸代表抗議。此舉也造成島內朝野「按讚」，而小唐鳳自亦志得意滿。於是她便努力往縫子鑽，專做些「反中」在國際場合的「段子」，達到外交突破點擊，使泱泱大國被刺觸到眉頭。日前適由教廷「宗座社會科學院」及聯合國永續發展方案網絡共同主辦，以「人工智慧，倫理及民主之未來」為題，包括美、德、義、以、巴、奧地利與台灣等。故唐鳳借機會技巧式的秀出民進黨不願見又要現的國旗以為得計。其實唐鳳所做均屬雕蟲小「計」，對台灣真實未來將面對的大陸促統毫無關係，無法撼動大陸統一的決心。因此如唐鳳真心要對蔡政府做點貢獻，應靜下心來深入研究大陸體制之優越性，而其自由民主為何數十年不為人知，去研究研究！（2018.3.13）

民主不是只有歐美模式而已，大陸是中國式民主

歐美國家以及台灣地區，總誤以為這種鬥爭式，外行選外行的制度，就是唯一最佳的民主制度，並霸道的自我陶醉，認為是不可替代的制度。尤其台灣主政者和知識界長期坐井觀天，以致夜郎自大，凡事不求甚解。總誤解中國大陸不民主，但真深入觀察大陸制度，能使百業興盛，人民生活自由歡樂，人人奮發向上，十幾億人一團和氣，每個生命都能盡情追求個人的理想，所謂選舉，也是內行選內行，在政治方面皆選出精英人才治國理政，為百姓服務。其民主應屬歐洲學者研究後的結論「二十一世紀人類最好的民主制度」，也就是真民主制。相對歐美及台灣的民主，是外行胡亂投票選外行，選不出最好的人選，就像最好的醫生不由醫界人士選，卻由一般民眾選一樣荒唐可笑。毛澤東早說過任何國家如不實行民主，終將被人民唾棄，可見自那時起便行使他們的民主，且連軍中均不例外，導致如今老百姓成億萬大富豪人數竟超過美國，即自由發展結果，多年來從未有人民覺得不自由民主的。

（2018.3.13）

凡不願見中國更強大的人均對其修憲不說好話

大陸為了加速本身的發展，使內外阻障得到有力剷除，不得不採取針對性的修憲，使國家得以永續依循宏偉藍圖前進，不致有所更動或被外力影響。故國內外好評如潮，唯杯葛諷刺者，如美國、歐洲以及台灣等懼見中國大陸崛起成果將更加擴大者仍一貫指責，不願見大陸需要而不得不憲改，將對廣大人民，甚至布局全球的受益者，增加利多。

但中共自主政以來，為了強國富民，從不會受外界干擾，不參與各國內政，也不接受外國指點，對強權軟硬應付得宜，堅決走自己的路。今日全面崛起壯大，直追美帝即最佳成果。驚人進步世人目睹。由於具雄才大略，善於領袖群倫，外交捭闔樽俎，以仁愛互助互利精神，受到各國的讚賞歡迎與支持，無不希望既有政策長期運行，免因領導人更換受到影響。面對海內外排山倒海的延任呼籲，一切人民至上的中國共產黨乃為順應廣大民意及國家確實需要，終依然有此修法以讓人民放心。各受惠國安心。

（2018.3.13）

大陸人大代表稱修憲，目的在儘快解決台灣問題

大陸的修憲是需要習近平一氣呵成的工夫，不斷發揮長才，將國家內外重大工程臻於完成，避免因領導人換屆，使各項未完成大事的控管和推進受到影響而停滯，造成國家重大損失。據人大代表透露，這次修憲主調之一，就是要下決心將國家列為重中之重的核心利益的兩岸問題加以解決。據大陸全國人大代表台灣台聯副會長符之冠稱，今後兩岸問題不會仍屬口號，而是要向統一推進，將破除任何阻擋，完成統一。但如島內強力橫加排拒，或逕行宣布獨立，或引入外國勢力，則尚能保有和平，就看現實動向了。總之，習近平一再宣示要和平解決兩岸問題，大家都在觀察是如何進行。今見破天荒宣布惠台三十一項，且立即開始落實，讓郭台銘公司入A股如坐火箭似的走「綠色通道」迅速上市，使海內外對此速度，以及惠台措施甫公布即落實，無不驚訝，而對惠台各項之推進均增加無比信心。使大家聯想到「和平統一」已在推進，惠台只是第一步。其他步驟如何大家正等著看中。

（2018.3.13）

習近平之所以被擁戴繼續領政的真正原因

大陸此次修憲，主要在希望習近平能夠延任。這是十四億人民和五千萬華僑以及台灣愛國同胞一致期望的。因為在大陸全面現代化的當口，還需要往上再提升，軍事大發展才初上軌道，國際局勢動盪，經貿問題瞬息萬變，而在習近平和全國同胞心中，與「中國夢」的完成最重要的，就是必須儘快統一，這是要對歷史負責與必須落實交代的。正如習近平一再宣示的，兩岸完成統一不能一代代拖下去。特別是要「和平統一」，沒有最高的智慧，及特殊手段和勇氣，絕非一般人所能辦到的。就反腐工作，非雄才大略無能為功。而「和平統一」，由於習近平一再強調，自然成竹在胸，不是兩岸平庸學者們所能預測的。面臨的重大問題太多，還得和不知好歹的美國博奕，又預定讓十四億同胞二〇二〇年，全體進入小康，這都是最轟動全球的偉業。同時查辦貪腐不能半途鬆動，應照原計畫加緊繼續進行，使貪腐滅絕，而這些關係國家安危的事，唯習能解決。（2018.3.12）

金正恩能，蔡英文不能，兩人智慧天差地別

自金正恩少年掌領北韓政權後，即因其治國和對外的謀略等表現受到全體人民熱烈擁戴，他有雄才大略政績，以小搏大的勇氣、方法和手腕，可謂文治武功皆備，對外不受強權左右，更不接受欺凌。他發展核武自衛，嚇阻超級大國，並能使對其箭在弦上，準備對其大開殺戒的暴走川普，一朝化敵為友，解除流血鬥爭，使川普歡喜下台階，文在寅和朝鮮期望實現，避免了一場可能發生的戰火。一代少年金正恩能有這般高明快速的作為，吸引了世界目光，無不向他「按讚」。然當我們轉過頭來看蔡英文，已入中年，比金正恩歲數大很多，上台後所作所為，被大眾認為荒腔走板，政經文教軍事等均向下滑，兩岸關係更一籌莫展，要把寶島弄成孤島，外交如雪崩式地在移動，朝野坐困愁城，百業每下愈況，社會問題漸嚴重，居然內外不走實際，展現好大喜功，一切務虛。最弱智的是，無非反中抗統，宛如沉醉在鏡花水月的實現上，知其不可而為之，阻滯了寶島發展興隆機會。（2018.3.11）

在「中國速度」壓力下收回台灣，是否也不會慢了

近日有一則瘋傳海內外的新聞，就是特斯拉創辦人馬斯克，日前親眼看見中國大陸的工人，只用九小時蓋好一座火車站，沒有一絲偷工減料，且九小時後火車進站並駛過，完全合乎建築標準，他在驚嘆佩服之餘，認為這工程速度最少比美國快一百多倍，而繼續讓廣大台商如觸電般感受到的，是在幾天前公布的惠台政策，想不到竟已落實。即在台灣需要一年半載，在大陸也沒準的台商公司上市大陸股票A股，卻在開放大利多惠台之聲才落下不到一週，鴻海子公司富士康工業互聯網（FII），申請A股上市照樣令人叫好，以驚人速度過關，一時兩岸企業界皆體會到「中國速度」已舖入各行業，以及解決任何疑難雜症上。最讓台商不得不聯想到的是，習近平所一再談到的兩岸統一問題，是否可能也在「中國速度」之下突然完成。說不定已被統一了，大家才知道已被動成了「一家親」。而不得不「皆大歡喜」呢。（2018.3.10）

渾身醜態、厚顏無恥的曹長青竟成台獨名嘴

中國歷史上漢奸賣國賊特多，這類人的共同點是自私善妒、心胸狹隘，目光如豆不識大體，自以為是，知識半吊子，對世事永遠似懂非懂認識不清，稍受挫折打擊，即慌亂抗拒或逃避，且心存報復，甚至不計代價。因此小人者對管控及服務的機構不利，為了報仇，往往擴大到其服務團體或及於國家而成賣國賊。逃出大陸的深圳青年報副總編輯曹長青就是這類莫名其妙的人。由於他長期在美國編造故事醜化及破壞大陸國家形象，唱衰大陸，乃成為美國豢養的走狗，專做污衊祖國的事以解恨。同時他為了追隨美帝「意旨」，便潛來台灣，大事鼓吹台灣儘快獨立，與民進黨一拍即合，成為暴紅的獨派媒體寵兒和名嘴，並煽動台灣人民流血革命，以實現獨立。我們建議，一旦真有這一天，島民應推舉他擔任敢死隊總隊長，借助他對大陸的「知彼」，去與他口中無戰力的解放軍一較高低，才是真心護台，否則便是要鼓動島民去送死，他過去所有談話均屬欺騙。（2018.3.1）

對毛澤東應有特殊評價

最近台灣報紙連載「整風運動波及無辜」一文，述說中共在毛澤東領導下對黨內及國際鬥爭等情形。然這類文章太多了，老實講算野史，均屬浮面記述，不值一顧。因為對如此曠世偉人，必有像漢司馬遷才能寫出李陵心跡，春秋晉國之史官董狐不阿鐵筆，始能對歷史人物有極深度的了解。台灣具良心的歷史學者，對毛澤東結論式的評價，單以事實看，「微毛澤東，中國定無今天之崛起」，唯對其「中國人站起來的過程」卻總以負面批判為多。然而以筆者博覽其各類偉著及其啟蒙時的國家處境，直到打敗一切有私利的政治野心人物，建立新中國，直至鞠躬盡瘁長眠於地下，甚至迄今尚不被一般人了解。其實外界總以其鬥爭和殘酷對待遠近親疏臻於一尊而大肆杯葛，竟無一人看出被其鬥下的皆屬有學識智慧，無法相提並論者，可說幾乎無人智能和他同位階，若不將之剷除，便會胡攪蠻纏，難以成事。至於所犯錯誤，應以其出發點來衡量才算公正，故要正確寫毛澤東非普通人能寫也。（2018.3.2）

馬英九是盲目的反共份子

在大陸研究台灣現況的學者中，尚未見一人對馬英九有深入了解的。因為大家只看到前副總統暨現任國民黨主席吳敦義總在兩岸問題上打哈哈，對於洪秀柱所主張兩岸應簽署「和平政綱」內容也被其刪除。其實他主張的是「九二共識，一中各表」，即變相的「兩國論」。而這「一中各表」就是隱式「台獨」，也是繼承了馬英九堅強無異議的反中意志。大陸學者均讚譽馬英九領導台灣實施大交流，殊不知他要的是大陸的錢，以便買最好的武器，他絕不希望兩岸統一。他說過「此生看不到統一」，他是美式民主的追隨者。故除非大陸接受「和平演變」，放棄共產主義，政治制度採美國式的民主制，與台灣現行制度一樣，否則絕不願意統一。馬政時期，更以鉅款向美國大量購入先進武器，專門防備並加強，一旦大陸不耐長期不統，遲早會走上武統時的抗拒能力。因此大陸學者懷念馬英九之溫和交流，卻對其笑裡藏刀無感，觀察力實在太不夠敏銳了。（2018.3.5）

民進黨台南市長參選人葉宜津對大陸太無知

據台灣媒體報導，民進黨台南市長參選人暨立委葉宜津說，如果她當選市長，將要廢除注音符號「ㄅㄆㄇㄈ」，改用「與國際接軌」的羅馬拼音。她提此政見，主要表示「去中國化」。葉宜津其實跟一般台灣民眾一樣，完全不了解大陸，連皮毛都未摸到。她的這種「去中國化」，正好是向大陸投懷送抱，因為大陸一九五三年大量印行了可供國小一到三年級使用的「新華字典」，內容就是以羅馬注音為主，「ㄅㄆㄇㄈ」為輔，同時更為台灣民眾所不知的，是新華字典所有簡體字旁邊均有一繁體字兩相對照。故只要勤學的學生或知識份子，必然簡繁體字與羅馬拼音、ㄅㄆㄇㄈ等均懂，這些真實情形，很令人費解為何台灣到大陸的台商、學生等超過百萬人，有的在大陸已近三十年，對此情形竟毫無所悉，是否除了工作賺錢外，俗事太多，根本就未曾真正融入這個具文化深度的社會。（2018.3.3）

談北京故宮與台北故宮

談「故宮」，就得先論及那二十五萬多件珍貴的無價寶物（文化精華）未受戰火波及並得以保存，而其中蔣介石出力維護功不可沒。因為這些無與倫比的文物，屬於中華民族文明進步的歷史證據，也是人類演進的智慧結「精」，故不僅屬於中國，並成為世界人類輝煌遺產，受到共同珍惜和保護。同時此種文物不應輕易出國展覽以防受損。而目前最令人不解的是民進黨在全面性反中聲直衝霄漢，卻唯獨死抱中華文物不放，甚至為了藉以賺錢，或另有用心，竟將部分寶物移至地震特多的南部，使島內極關心安全人士以為不妥，一旦遇到天災，必有肖小趁火打劫，到時被盜多少，亦必歸類為「不可抗拒的天災」，自會不了了之。因此我們認為，既是整個民族代代相傳的文物珍寶，兩岸十幾億中國人有權關心愛護，既屬大陸北京故宮，人民就應讓它「物歸原主」以策安全。今見大陸行家前來台北研讀古文物如數家珍，並為文希望在外文物早日歸原，好讓人民放心，乃有同感表示贊成。（2018.3.4）

台灣經營之神王永慶
能深入了解共產黨

最近見報載，一則有關執政黨文字書寫的笑話就是竟把獨占鰲頭的「鰲」誤寫成「鱉」頭的笑話。「鰲頭」即最佳之意，但「鱉」則為俗稱「甲魚」，或「王八」，是罵人、很不雅又難聽的話。然此卻令人想到王永慶，有次記者問他最喜歡什麼書，他不加思索答：「字典」。他說它也是他的老師。於是我們認為政府書此「鱉」者，如弄不清字意，就應查字典，凡事必認真深入了解，這種事事認真鑽研的王永慶，人稱「經營之神」，即他遇事看人比一般人透澈，大家很驚訝的是他於二〇〇五年五月十八日，突然力排眾議，直言「台灣大陸是一國，大家都是中國人，說共產黨壞不是事實，台灣不要美國保護，台灣人不要給別人煽動，一國兩制有什麼不好」。僅五十字真言，見解認知已遠超過島內所有名嘴。今日事實擺在眼前，不得不佩服王永慶銳利的觀察，其對台灣燈塔般的指點迷津，對當政者應有啟迪作用。（2018.3.6）

外國總誤解中國大陸是不自由民主的國家

我們常聽台灣一些未曾去過大陸的官員，和意識形態成見極深的人，總憑空臆測認定中國大陸是不自由民主的國家。但據去過或在那邊讀書、做生意，長年住在大陸的台灣人，他們共同的感受，認為唯有親身體驗才真實，原來在大陸生活其自由度就跟在台灣沒有兩樣，甚至比台灣更自由，譬如在地鐵（台灣稱捷運）裡，可以自由吃喝，趕時間插插隊也沒人管，至於在餐館裡划拳聲，此起彼落大家司空見慣。而最令我覺得自由得不可思議，瞠目結舌，嚇一跳的是，改革開放之初，我來到了廣州黃花崗七十二烈士墓園，竟見大園子最前面樹蔭下，居然有兩桌露天麻將，一群人正玩得開心，我問裡面幾個管理人員，始知炎夏之際，附近居住的退休人員，沒事消遣，在此大樹下較涼快，玩玩小麻將沒什麼，不必大驚小怪。如果是在台北忠烈祠前樹下這樣也行嗎？這只是一般例子，其他比台灣或紐約更自由的例證尤多。可能法律未過於細訂之故。總之在大陸只要不犯法，要做啥都可以，沒人管。

（2018.3.11）

台灣學者專家永遠不了解大陸，從惠台看法便知

在看到大陸鋪天蓋地全面惠台措施甫出台，富士康申請入A股才三十六天，便因配合惠台已由「綠色通道」速審通過。其他在三十一大項目相關各大小企業均信心滿滿紛紛在作西進準備。我在文化界年輕朋友，如教授、外語專修土耳其者，和出版品公司，也都在趕著「中國速度」積極準備中，他們期待北京兩會後，各項優惠辦法（細部計畫）出台，將立即整裝投入大陸優惠項目中。按台灣友人稱，有朋友在半年前剛從某大學副教授一職退休，便因他曾常與福建一所大學交流，故這邊才退，那邊就聘請，薪資比台灣私立大學還優厚。此時見台灣某金融顧問為文，唱衰大陸惠台，認為對大陸極不利，意味惠台不會長久。因吸去大量台灣人才以後會擠掉大陸人才造成失業，這正是杞人憂天，真不了解大陸之大，需要人才之多，即使兩千三百萬人皆屬專家人才，則全投入大陸，都看不出多來，何況大陸還不斷大量向世界攬才，可謂多多益善，永不嫌多，小鼻子小眼的專家，怎知大陸的大氣「手筆」。

（2018.3.11）

全面惠台賴清德卻等閒視之

大陸國台辦二月二十八日破天荒，出乎大家所料的宣布惠台三十一項措施，實等於是全面讓利給台灣人民。這樣做的目的自然就是視台灣同胞為一家人，必須對統一也肩負起責任。因為兩岸統一是實現「中國夢」的不可或缺重要組成部分，也是核心利之所在。此番排山倒海，目不暇接式的讓利滾滾而來，令分裂勢力有窒息感，並對一般處於「坐困愁城」看不到未來前途的島民，看見了光彩輝映的前景，紛紛振臂相迎。但對那些懷有異心沉醉獨立夢中的迷失方向者，不是蔑視，就是嗤之以鼻，毫不加以重視。然這樣的政策對台獨不啻是敲響的喪鐘，屬雙重危機。大陸以溫和熱情的強大磁吸力量，把全島精英、青年男女吸往對岸，無論是讀書或創業發展，大中小企業，甚至夜市攤商一併拉去，造成島上空殼，不得不統一存活。但萬一島民被台獨綁架，仍受惠而拒統，或逕趨獨立，則為對台「仁至義盡」，大陸將視之為背叛民族，於是出師有名，武統近在眼前。（2018.3.6）

武統或和統是台灣明智選擇的道路

最近因為台獨一意孤行，不但不承認九二共識，並變本加厲，對外拉緊美國，致有「美國旅遊法」等各項惠台法案之通過，而島內台獨核心又疊床架屋，組「喜樂黨」積極推動公投入憲爭取完成除掉「中華民國」，代之以「台灣國」，儘快使台獨建國實現。台獨又一心一意希望達到進入聯合國的條件。在獨派人士心想大陸改革開放迄今四十年了，在兩岸關係上，硬話軟語不斷，但多流於空談，尤其「硬話」自江澤民主政，總理朱鎔基曾對台一再警告，可謂硬話連篇。但不僅嚇不倒台灣各界人士，卻反而反彈普遍，最後落得警告無用，未能落實成為空口說白話，造成反效果，令台灣當局等分裂勢力看輕大陸恫嚇。因此更易出現誤判形勢突破習近平和平統一設想，猛踩紅線，必然會因和統破滅，以不得已而為之的武統，來確保領土完整。所以我們認為目下到底兩岸統一是和平達成或不得不武統，均取決於台灣。（2018.4.20）

川普想閱兵

不久前美國總統川普下令五角大廈，研擬閱兵儀式籌備計畫。據說二〇一七年他參觀法國國慶閱兵有感，認為閱兵可以令全國人民對軍人的崇敬，又能提高軍隊士氣。但有人認為閱兵是「美式獨裁」。平心而論，閱兵不能只是獨裁的專利，換句話說，民主或非獨裁的國家，為了振作軍隊士氣，也不妨閱兵。而以中國的大閱兵，則具多樣目標，自然提高士氣為基本目的，唯最重要在展現肌肉，起對外嚇阻作用，是和平的保障，並刺激研發創新，使敵對好戰勢力知難而退，故產生保護作用。至於美國則因軍紀散漫，又常對不利美國的國家，在用紅蘿蔔之外，還要武力大棒子配合，所以必須整頓振作，於是川普想到用閱兵振奮軍心士氣，也對不利的諸邦具震懾作用。所以美國閱兵無可厚非，閱兵絕非獨裁的專利。（2018.3.7）

「港獨」應徹底剷除以維護民眾利益國家法律

自從香港回歸祖國，實施人民當家作主「一國兩制」，然而卻有一批被外國勢力潛入蠱惑，吃裡扒外的人，一心背叛國家，進行搗蛋，並狂妄主張彈丸之地幻想獨立。這類港民認為必須進入立法會，始能興風作浪，成為可以燎原的星星之火，故以為競選當地議員是攪亂一池「春水」的最佳切入點。不過香港當局早有防範，凡欲參選議員者，應簽下「反港獨確認書」，使別有用心、不懷好意者被拒於門外。讓這般洋奴賣國作亂無門。不過我們認為這辦法雖好，只嫌太消極。其實一個國家應不允許有關獨立的分離份子存在，除不准成為公職人員外，還應長期嚴查懲處。在叛國行為上，如挑起反中聚會、遊行等擾亂社會秩序時，即應立刻依法辦理，絕不寬宥。至於成為公職人員後，露出反中狐狸尾巴者，亦必立即取消資格並法辦之。又不願做中國人者，屬嚴重犯行，應依法取消其國籍。或者限期離境，如此才能杜絕禍根。（2018.2.27）

今後中美兩國勢必衝突不斷的關鍵

就在大陸連派重量級財經人士到美展開談判貿易問題，欲避兩國面臨貿易衝突之際，卻遭美國故意搶先而逕行對大陸鋼、鋁等宣布課巨額懲罰性關稅，同時參眾院通過了「台灣旅行法」，大大拉緊台灣，變相支持台灣走向獨立。這一連串直截了當地與中國大陸對撞，不再有緩衝的根本原因，即大陸十九大後，美國一直期待大陸政治制度因開放，大量與外界接觸，定會促使其政治制度之改變，進而仿效歐美的所謂民主制，則「和平演變」自然納入於「旗下」，對其霸權難以撼動。然而十九大後西洋人的美夢破滅，想不到「中國特色社會主義」將更堅強執行，永不改變，獲得全民支持稱讚。看在美帝眼裡，已無法改變中國政制希望，為今之計，就只有鬥爭到底了。這就是國際現實，大陸求好，講理、講法，只為單方想法，列強壓迫慣別國的劣根性，是絕對改不了的。（2018.3.2）

從大陸公布的惠台大禮包已把台灣納入一家親了

大陸國台辦日前公布國務院全面惠台措施，不但讓台灣民眾享有和大陸同胞同等待遇，甚至比照邊疆少數民族般特別優待。這些具體惠台項目就稱作大禮包。共三十一項，開放度可謂空前。另在專業技術方面，開放了五十三項資格考試、八十一項技能考試，包括高等學校教師、註冊城鄉規劃師、醫生、護士、新聞記者、稅務師、美容服務人員、煉鋼鐵人員等，且台灣專業人員還可申請國家的千人或萬人計畫，並可申請國家社科基金。總之，大禮包涵蓋面特廣，諸如投資、科研、金融、各類資本、文化圖書出版暢通、演藝界發展，以及優良社團的進入、基層建設等。而已有例在先的加入共產黨，有志服務大眾，為國家民族貢獻心力，參與政治者，亦可如願爭取。從這般惠台貨真價實的宏大決策，已落實了兩岸一家親，使台灣同胞真切有感，心靈不契合也難。在此願奉勸台獨思想者，冷靜思考，所謂「胳臂擰不過大腿」，終究無法得逞，應識時務。（2018.3.2）

私有化是對人民不負責任的主張

台灣在陳水扁主政時提倡大量將國有企業私有化，把國有企業民營化，帶給民間財團大利多，讓他們肥上加肥，且財團掌握獨特公營壟斷式企業後，自首先想到的是充實和擴大財富，故利潤第一，把原來公營企業以服務人民為首要目的，降為次要，在民眾購買的價格上，自較公營不同，萬一經營不善，發生虧累，則仍得政府支援扶助，甚至一走了之，或接受法律處理，而使用的大眾自亦連帶受損。最明顯的例子，是北市第十信用合作社，出現經營不善，為害社會，並波及許多老百姓。主掌財團竟四散奔逃「鳥獸散」，一切不管，只把主事一人法辦了事，故凡直接與人民生活有關的大企業，不可民營，如水、電、瓦斯、燃料等，皆應以服務人民為宗旨，追求利潤次之，才是利民的政府。近聞大陸有人主張國營事業民營化，是不切實際對老百姓極不利的建議。（2018.1.17）

中國與世界各國發展關係
美國「眼紅」

由於祖國大陸快速崛起，奉行和平互利互，甚至以利多予他國，不願占人便宜。所謂平等互惠，前提就是絕不干涉別國內政。這些年對外交一路下來，受到各國信任與尊敬。因此隨後倡議的「一帶一路」、「亞投行」等計畫乃能一呼百應迅速推行。此情此景看在美帝等妒忌心強者眼裡，在極不是味道之餘，展開糾纏，諸如明白警告菲總統杜特蒂，不要與中國走太近。又加緊拉近台灣，支持島內反中、抗中。同時見非洲大陸和中國水乳交融，發展驚人。竟看了眼紅，氣極敗壞之餘，決定擴大對中國競爭範圍，由目前印太地區伸展至非洲。不過非洲和中國堅實的合作基礎，卻是自毛澤東、周恩來時期建立的。記得一九五九年左右，于斌在一次演講中，提到在非洲機場看見操流利法語的中共九名護理人員下機接受非政府熱烈歡迎的情形。他向台北聽講者說，凡事應先有計畫和準備，到非洲必得早學法語。言下之意，欽佩中共之遠見，法語非短時間就能學好。（2018.2.25）

「友好」、「合作」、「和解」、「統一」都是美帝反對的

當北韓和南韓握手言歡，共同組團並肩冬奧時，幾乎全世界均樂見其成，能化干戈為玉帛總是天大的好事，以免殺伐太多導致生靈塗炭，只要循此善意接觸發展，對南北韓人民必然有良好可期待的和樂未來。這是多麼光明可喜之事，難得的曙光。唯正當各方為兩韓慶幸之際，一向見不得天下太平的美國，無論主政者為誰，絕不願見「和平」。他們看不下去兩韓居然在他們控制分裂情形下握手，認為這形勢違反「美國利益」，卻妄顧兩韓人民身家性命的寶貴，並採取對兩韓明的暗的杯葛。尤有甚者，發動「耳語」傳言，川普政府正考慮對北韓採取有限度攻擊，給北韓一個「流鼻血的教訓」云云。然而明顯的是，當今世界在軍事上並無任何國家會去挑釁或威脅美國，故美國用兵師出無名，結果就是霸凌、任意殺戮，必招北韓舉國之力無情報復，而首先重傷的可能就是駐美軍較多的南韓，此事如真發生，便證明美國才是邪惡好戰者，自由、民主、人權均屬假的。（2018.2.20）

美國封鎖北韓竟不願留其生路

世人皆知超霸美國，沒有任何國家會威脅到它，若有對它不服貼，或與它利益衝突，甚至令它看不順眼的國家，它就會藉口聲稱受到威脅，而採取杯葛行動，對抗拒者通常是不擇手段，必予降服而後快。其對北韓正是如此，事實上，北韓國小民窮，擁有核只為自保，主要就是不願被美國欺壓，並不會主動攻擊美國，然而美國卻視北韓為眼中釘，必欲滅之而後快。在欺壓不住北韓之情況下，除了以各種手段破壞兩韓和好外，更是呼朋引伴，並透過聯合國對北韓全面封鎖，誓阻其生路。孤立無援的北韓對此反彈激烈，警告如此發展將視為戰爭。常言道穿鞋的不和光腳的鬥，且「狗急跳牆」，當北韓被逼得活不下去時，只有攜核彈和你拚命，這恐怕是超強美國難以承受之痛。中國自古用兵均為敵人留一線活路，凡趕盡殺絕易兩敗俱傷。等到北韓不要命時，其對美國之害何止「IS」千倍。（2018.3.2）

金正恩是智慧小巨人
能化干戈為玉帛

儘管金正恩被川普大罵「火箭人」，一副不把超霸美國當一回事般，但北韓還是不甘示弱地火速反擊，諷川普不過是個「老番顛」。川普氣急敗壞的，進一步揚言要動用外科手術，讓這不聽話的壞小子「流鼻血」，而計畫動用所有力量要展開全面封死北韓。金正恩則不把超霸放在眼裡，回嗆要以核彈叫美國好看，看在世人眼裡，皆認為形勢不妙，均認為無法預估後果的熱戰即將爆發，甚至有人猜想可能引發世界大戰，人類被牽入的後果很難逆料，也許因此陷入大蕭條。就在這箭拔弩張的關鍵時刻，睿智的小胖金正恩，突然藉參與冬奧等一連串的外交手段一一化解，並降住暴躁的「美洲豹」川普，一時使其趨於冷靜，樂得見好就收，還和顏悅色地答應儘快與「可愛的小胖子」會面把臂暢談，而不論後續發展如何，此時已寫下歷史佳話。我們在此預祝金川正向發展燦爛的花果結成甜蜜可口的果實，永為後世傳頌。如此諾貝爾和平獎真該頒給金小胖與狂人川普了。（2018.3.12）

國家領導最好彈性任用
服務全民

我們認為國家領導人，最重要的工作是能帶領國家奮起，突破層層的艱困險阻，不但為人民安排幸福康樂生活，並能兼善天下，澤及世界。然而如此雄才大略者，可遇而不可求，一旦出現，為了國家民族發展，甚至人類世界的和諧、利益，就應勿輕易以僵硬任期將其放過，造成海內外莫大損失。因此憲法應有對這類人物任用的浮動條件，以便能盡為國家所用。同樣，如遇極不適任者，也要有隨時請其離職的彈性法筆，避免因死板法規而任憑禍害，致國家受損、人民遭殃。所以國家領導人之任免，憲法應明定條件，任期必具對國家人民最有利的大法，才是最恰當的憲法。現在大陸正面臨此情形而將進行修憲，以便讓目前最佳治國的領導班子能百尺竿頭、更進一步，外抗強權、內清腐敗，尤有重要者，尚待能完成和平統一台灣等巨大偉業，怎能讓「中國夢」功敗垂成。（2018.2.26）

對大陸政治人物應有正確看法

中國大陸全國人大在開幕前夕透露，有意修改憲法，除將習近平思想寫入憲法外，也決定會取消國家主席的兩屆任其限制，以至於被外界指為權力超越了毛、鄧。其實大陸能在數十年間，由岌岌可危，被列強欺凌，再到激烈的國共內鬥，百廢待舉，乃至慘勝後仍被強國環伺。就在面臨所謂大破國已至「山前疑無路」之際，中華民族出現了個學識淵博，智慧高超，又能理論與實際揉合，愛國心強，展現力挽狂瀾於危難能力的毛澤東。使中華民族復能頂天立地又屹立世界。後有偉大思想的鄧小平，以改革開放使封閉的國家全面崛起，經江澤民、胡錦濤等人繼續帶領全體人民奮起，使方方面面得到飛躍進步。唯在經濟大好、財源滾滾時隨之又因「見錢眼開」造成了「國富官貪」的政局危機，而招來外界的虎視眈眈及列強的「見獵心喜」，幸有雄才大略的習近平出現，大刀闊斧整飭，使危機消除，把國家推向富強並將以修憲「保國」，這是全國同胞理應支持的，如此也給習近平百尺竿頭，順利完成民族偉大復興的中國夢的使命，創造輝煌歷史。

（2018.3.2）

中國夢的完成關鍵在於
儘早收回台灣

在美國強烈感受中國威脅到其霸權的當口，迅速採取拉攏日本、澳洲、印度以及東協各國。在希望能聯手遏制與抗衡中國而未果之情形，乃改為有效操控台灣作為其對付中國的「前沿」。顯然在美國近來一連串惠台措施下，令島內政治人物均極欣喜，咸認獲得有利的保護傘，可更強硬抗中、反中和加速去中國化。並欲設法做到「機會極大化，威脅極小化」，即「和中友美」之巧妙運用，防止「併吞」，而維持實質分裂「一邊一國」的現狀。這應為島內政治人物共同的主張。故島內領導人積極向大陸要求多給台灣「善意」。然而台灣給大陸的「善意」背後，卻是投向反中大本營美國，公然展開出要用「不對稱戰爭手段」，先購入攻擊性武器抗統。殊不知島內人士天真想法，可能正是走上絕路，加快被大陸收回的步伐。因大陸已視台獨為「毒瘤」，豈有不儘快割除的。目前大陸給台灣唯一最大的善意，就是和平統一，一國兩制了。（2018.2.26）

政治專業化、科學化
在中國開世界先河

中國大陸日前公布修改憲法部分內容的建議，就是將中共一黨領導是新中國特色社會主義最本質的特徵寫入憲法。此舉動讓歐美等鬥爭不已的民主國家，企圖「和平演變中國」的期望徹底落空，永難得逞。我們贊成中國實行一黨永續為人民服務的設想，因為中國的政治制度已走向專業化，其管理臻於科學化，成為劃時代尖端政治典範，就似人的大腦，是指揮全身、協調各器官機能的。它是為民服務及管理人民，以及發展百行百業、保障人民身家財產安全幸福的機構。儘管中國政府並未言明所行是「政治專業」，但我們仔細研究其中優於歐美制度之處，關鍵就在於其領導服務全民已升高至專業層次，選舉也由專業領域產生，故各級領導人只由內部產生，不必麻煩百姓等外行胡亂選舉，或被黨派、人情包圍任意投票，成為「盲人瞎馬」式的「民主」，選出不適任、只優先為黨派團體服務，對廣大人民次之的不正常現象的缺陷制度，而獲選者亦非政治專業之士。（2018.2.26）

賴清德指大陸惠台是要併吞的前奏

自日前大陸公布三十一項惠台措施後，島內各界立刻為之沸騰，政府震驚，而人民多感興奮。政府對這鋪天蓋地衝來的壓力，不知如何抵擋。當行政院長賴清德答覆立委質詢時，竟脫口指稱中國大陸推動九二共識與各項惠台項目，都屬戰略手段而已，本質上仍為利中政策，最後目標都是要併吞台灣。並呼籲大家清楚這點。又在另一場合似極鎮靜，輕描淡寫地告訴各界「不必太重視中國這些事」。我們暫且放下民眾反應熱烈，許多已攪動長期低迷、愁悶無比的社會大眾，均躍躍欲試要往對岸發展不談，就專針對賴揆口中「併吞」二字加以解析。「併吞」的意思是侵占別的國家及其領土。然而千真萬確的是，台灣領土從未脫離大陸，只是住在島上的，也是屬於大陸全民的土地台灣島上，住著一批尚未「招安」的國民黨與共產黨鬥爭下失敗逃到島上的「遺民」而已。故長期「占島為王」已屬無理。如今卻指大陸「收回」是「併吞」，更不合法和恰當，在中國人的土地上搞分裂，就更沒有立場了。（2018.3.9）

數十年來台灣的「強大三軍」卻保護不了漁民

日前台灣漁船「東半球二十八號」，在蘇澳外海作業，竟遭到兩艘日本水產廳公務船，不分青紅皂白地衝過來就用強力「水砲」驅離追趕，且企圖挾持。幸好海巡署艦艇趕到始脫困。此事就和過去數十年類似，在外交上始終不敢得罪「友邦」，多半在交涉談判後而不了了之。數十年來，台灣漁民可謂受盡日本、菲律賓、馬來西亞、印尼等鄰國欺凌，諸如被武裝驅趕、船員遭槍彈射擊以致傷亡或船隻被擄走索賠後始放人，往往開不回來的船隻只能被解體當柴燒，總之受盡委屈。政府自兩蔣時代迄今，在漁民心裡的感覺是永遠沒有安全保障的，一般民眾長久以來在媒體上所看到的都是我漁船慘遭綁走要付巨額贖金才會放人等等畫面。大家都很納悶，島內有號稱強大的海、陸、空軍，不斷對大陸耀武揚威，為何看見我漁船被擄走，卻不予搶救，難道三軍每天摩拳擦掌，只為對付唯一敵人血脈骨肉相連的祖國十四億「一家親」的同胞嗎？我們與廣大漁民一樣「霧煞煞」，丈二和尚摸不著頭腦，搞不懂！（2018.3.8）

凡事「知所先後則近道矣」，今後大陸將重在促統滅獨

三月七日中共中央政治局常委王滬寧，到香港區人大代表會議廳，強硬表態，指中國任何一塊土地都不容許獨立。強調對搞獨立者，必嚴厲對待從重打擊。據傳王滬寧即將接港澳工作領導人。他並指出，中央對任何危害國家主權、或滲透中國內地，對底線的觸碰都是零容忍。尤其企圖分裂國土者，定嚴厲對待。自然對台灣之分離勢力不會例外。目前一般相信大陸對內整頓，無論政、經、軍事、農、工、科技、交通、文化等各方面顯著進步且一一處理就緒，已能抽出手來專心辦理台獨問題。因此才有在極短時間內，把台灣邦交國拿去三個、民航線單邊開通、開放重要項目惠台；全面性吸引各行業人才，教育亦獎勵極大，年輕人去大陸讀書求學有特優獎勵等，又以加倍高薪供文化藝術、各級老師、教授等，總之均歡迎「移駕」，均以高薪對待。而更簡化審批手續將台灣大企業吸入A股等。所以我們建議台主政者儘快放棄異心異行，回到一家親正途，避免結局太難看。（2018.3.10）

為祖國大陸好，人民應多管閒事

近見報載大陸城市威海，被外地遊人看見了當地餐館竟在路邊公然屠宰江豚。由於江豚已列為大陸保護魚類，宰殺即犯法，於是立刻向當地主管機關舉報，初時主管單位推稱非江豚，是俗稱的「港豬」，表示不便處理，但此事被人發上網裡，大眾紛紛要求主管單位認清「港豬」就是保育的江豚。一時之間，上網要禁宰者眾，才逼使主管單位認真查處嚴格取締。此事令筆者想起改革開放之初，我首次遊桂林，是自由行，由當地電視記者陪同，不料卻看見幾處當街殺狗的場面，十分嚇人，我立即向陪同我的電視記者要他向有關方面反應禁止，否則太不文明了，畢竟把外界視為最好寵物，且頗懂人性、能為人服務，被大家喜愛的好夥伴殘殺吃到肚裡，只能證明原始和粗暴，必須迅速停止。隔年我再重遊當地，果然未見此情形了。因此我認為無論到哪裡，只要看到應提出改進的事，為了有建設性的「多管閒事」，就必是走到哪都該做的好事。大陸網友對威海屠豚者及官員皆上了一堂好課。（2018.3.11）

兩岸問題不能永遠
鏡花水月不切實際

祖國大陸十九大後，已將統一台灣列入工作進程，在民族偉大復興，達到「中國夢」圓滿成功邁出了歷史響亮的一大步，是兩岸愛國同胞和全體海外華僑久盼完成的偉業。回憶自大陸改革開放，兩岸開始交流，迄今長達三十多年了，卻一直停留在經貿、人員、觀光層面，大陸方面即使再努力，也仍未能在政治談判方面有一絲突破。就連馬英九主政台灣，他占大陸利益最多，包括「外交休兵」、「經貿獲利」等以致參與國際組織讓世界勿忘政治實體「中華民國」在於中國之外。而馬英九正和李登輝、陳水扁以及現在的台獨領導人蔡英文一樣在政治上退避三舍，絕不接觸，有歷史紀錄為證。否則馬英九下台後不會將經營八年，島內經濟繁茂人民生活堪稱安逸的政權拱手交到公然敵視大陸的台獨黨，同時證實了馬英九等國民黨卻是「鴨子划水式」的「獨台」。針對島內實情，我們希望大陸涉台機構找準問題所在，始能對症下藥。不要無休止的空談下去。（2017.11.15）

任何宗教必須能進入中華文化中

祖國大陸一直認為任何宗教一定要中國化，是極正確而有道理的。從近代歷史看，任何宗教的主旨，皆為勸善、和平與扶助弱小的，向善應是無私、無界的，更不該有門戶作為，以致產生排斥，甚至逾越善的高尚本意，滲進複雜的政治漩渦，欲左右或影響一個國家和政體，致有失創立宗教者悲天憫人、兼善天下的大愛與仁德之心。而中華文化是我國古聖先賢出於愛國、愛人類，提升人類品質，大公無私不分國界泛愛眾，一切以仁愛為出發點，人與人、國與國間唯仁義而已，講利也是利己利人之利。因此，既然世界上各種勸善、行善的宗教就應「一家親」式的相容、相通、相交流，至於傳入各國亦該自然隨俗，達到行善目的為主。因此任何宗教到中國都應中國化，到其他國家也應在地化，否則宗教之推行便失純真，有干涉別國內政之嫌。（2017.11.14）

習近平已臻世界領袖而川普仍只是美國總統

習近平十一月十日在峴港 APEC 會上發表的談會，獲得世界各國高度重視與讚賞。他強調尊重多邊主義，奉行合作、擔當、包容、開放、和平、普惠共贏。而美國總統川普則如該國一貫立場，宣稱一切應「以美國利益優先」原則面對世界各國。他並發出驚人之語「發誓不再讓別的國家占美國的便宜」。極明顯的，習近平有力的為全球化多邊主義進行守護，從本身中國的全面發展及扶貧成功範例，推廣至世界，透過全球化，使貧困國家翻身。習近平浩瀚博大的「世界人類共同體」高超偉大思想，是我五千年優秀文化仁愛精神的發揚與落實。這是歐美長期侷限在自私自利的牢籠觀念中，對習近平震聾發聵的宏論，是從未聽過的。因此習近平受到世界歡迎，無形中被大家擁到世界領導中心，為各國謀利。而川普走狹隘的「美國利益」主義，展現唯我獨尊，目空一切，只管自家利益不管別人死活。故這兩位代表各自國家的領袖高下立見。川普只是美國小總統而已。（2017.11.12）

川普訪中後應盡棄成見，擁抱遠見

過去川普對中國之所有負面印象，均來自他最厭惡、且多報導不實的媒體。此次訪中想必已親身體驗到中國領導人的真誠信義，並就近接觸感受到深厚偉大的中華文化。此外，川普更認識到習總書記所強調，中美兩個大國唯一該走的路只有合作。企業家出身的川普似已體會出，兩國龐大利益的互惠，對於澤及廣大人民，甚至對世界具莫大貢獻，內心已綻顯出接受與體會的憧憬。我們認為川普能在此次中國之行，若能徹底掃除他過去因為對中國不切實際，或被有心人刻意污蔑所造成的負面假象，就是他的不平凡之處，可謂不虛此行，他是中美兩個大國架起合作共贏堅實友誼之橋的大功臣之一。目前全世界都在注視著中美兩大國領袖的接觸，因為兩大國的一舉一動都能影響到世界各國，利害相連與共，只要中國和美國在制度上互不干涉、在經貿與維護國際利益方面的善意一致。則習總書記維護世界和平，願與超級大國美國攜手共同為彼此國家利益及貢獻世界的努力和苦心得到善果，亦屬川普的最大收穫。（2017.11.10）

國台辦在遏制台獨方面迄無具體辦法

十九大報告中涉台部分，習總書記強調，國家統一屬重中之重，並指示三項重點以促進統一。即：（一）堅持和平統一、一國兩制方針。（二）推動兩岸關係和平發展。（三）推進和平統一進程。此外在習總書記一貫談到兩岸問題時，總認為統一是兩岸同胞的歷史責任與義務。並進一步提出兩岸一家親，共圓中國夢的美好設想。不過由於島內執政治方面大權的，均為有錢有勢、利益掌握者，這些人即使非獨派，也是絕不願統一者。他們為了拒統而抱美日大腿，甘當反中棋子。我們看到國台辦前副主任王在希強調要遏制台獨，但如何遏制，卻數十年來從未見效。如今台獨當政，管控全島，擴充軍備，從文化、歷史等方面根除祖國。至目前為止，尚未見對猖狂的台獨分裂份子做出行動上的遏制。眼看島上台獨為所欲為，愛國盼統的同胞孤立無援，看祖國對藏獨、疆獨及港獨都能即時剷除，唯獨對台獨長期流於空談，令島內統派同胞一直感到失望。（2017.11.9）

驚喜於祖國初小學竟有豐富的中華文化教材

台獨黨政府在島內大肆的去中國化，把中小學教材刪除固有精華，一心篡改歷史，在文化面來看，為社會帶來巨大的隱憂。筆者回到祖國，無意間看見就讀上海市長寧區小學二年上期的小孫女書桌上，有一本「中華經典誦讀」，有一百多頁，內容豐富。分為（一）進德修業：《論語》十六篇、《孟子》十二篇、《禮記》六篇、《莊子》四篇、《韓非子》四篇、《戰國策》四篇。另一本名為「含英咀華」者包括：五言絕句十七首、七言絕句八十五首。這些是小學一至三年級小學生能輕鬆背誦的。這本內容是我們終身做人處事寫作均離不開的文化經典，也是受用無窮的睿智寶籍，能在幼年背誦，必然終身不忘，對成長後的國民其助益是不可限量的，實在是祖國學子之福。面對此情，不禁想到台灣學生遠離中華文化陶鑄，將在知識、智慧上落差太大，實令人歎息。（2017.11.9）

洋人仍欲毒害中國必遭痛擊

近因英國政治人物羅杰斯劣行不斷，作為該國保守黨人權委員會副主席，多次就香港問題表態，想盡辦法鼓吹香港部分賣國賊反中，最後因國人愛國氣勢高而終告失敗，也讓那些甘為洋人走狗的搗蛋份子陷入窮途末路。儘管如此，這位英國反華、曾在香港有不良紀錄的羅杰斯似乎陰魂不散，小看了今日中國維護主權的決心與能力。又想潛入香港，企圖在中國土地和有力管轄下，製造社會矛盾，於族群中興風作浪，企圖攪亂一池春水。他於入境香港時在黑名單下被拒絕入境及遣返，竟恬不知恥的想聯合其他國家的反華妒華份子共同組成「香港監察令」，想杯葛香港人權等，公然無視中國法律與香港基本法而直接干涉中國內政，其時海關略施小計，讓他們入境再依法逮捕。我們認為這批人是世上如今最藐視人權，對內種族強烈歧視，對外任意殺戮，四處搧風點火製造亂源，任意動用強大殺傷力武器，甚至滅國，不知造成多少無辜百姓死亡。這批人如真的以人權為念，痛惜善良生命，就該成群結隊，長期在美國白宮前埋鍋做飯，作無休止的抗議。

（2017.11.7）

美國預測「半島」戰爭不切實際

近年來由於北韓不但研製成功核武，且完全不理會美國的一再「警告」、「恫嚇」，要求其放棄核武研發等。唯金正恩在利比亞受騙的前車之鑑下，將美國毫無信義，狡詐、陰狠看在眼裡，故對美國放出的好言、狠語一概無動於衷，擺開架式不受美帝欺凌。此時的北韓上下一心，已達「民不畏死」的地步。而美國有關方面卻提出一項報告，指半島如起戰爭，僅用傳統武器，在幾日內即可造成三至三十萬人死亡，甚至波及十多萬美國人傷亡。目前美日韓均已開始討論擁核問題。假如韓、日也有了核彈，則美國自可在慘烈戰爭前抽身，作「壁上觀」，所謂「黃鶴樓上看翻船」，還可於韓朝日混戰後大撈利益，豈不「寫意」。但我們認為局勢是否如此發展，端視韓日的智慧，看清美國謀略而不上當，否則必遭滅國之災。不過無論美國機關再怎麼算盡，一旦動武，美自無法避開飽吃核彈的機會，勢必吞下多行不義的惡果，使無數美國善良百姓遭殃。所以奉勸美帝對北韓問題應多「三思」。（2017.11.2）

凡國內鬧「獨立」的原因只在私利

西班牙加泰自治區幾名政治人物鼓吹獨立，被政府予以接管，為首的分裂意識份子均逃往他國。這兒不須多談西班牙依憲法懲處分裂主謀的過程細節。從這一案例，我們發現英美等國資本主義大國亦常出現鬧分裂和要獨立的地方。究其原因，是不斷出現的政治野心份子，認為任何生意沒有獨攬政權的利益大，而政體已釘死在兩大黨掌控之下，形成永久輪流「坐樁」態式。在此以外的政治狂熱者，又不願與現有兩大黨「同流合污」時，或另有利益盤算等野心，便妄顧國家甚至民族利益，如台灣政治人物等，為了私利必先爭權以奪利，而取大利益莫過於領導權。凡支持者必然皆可「權」、「利」均沾，於是台獨便是島內最大的利益團體，這些人（國、民兩黨）又怎願統一而失去「總統」頭銜和龐大的利益呢？（2017.11.2）

兩岸問題不能只停留在完成「答卷」階段

祖國十九大後，涉台人士仍在期待蔡英文作出滿意的答卷，誠屬一種消極反獨而已。以這種統一似急又非急的態度來面對鐵了心要拒統、並將目標指向分裂獨立的執政民進黨，大陸一貫「反獨促統」的紙上作業和口頭宣傳，在島內實在難起作用；民進黨更不予重視，還加以技巧式敷衍。就好似在大陸這馬的頭前掛上蘿蔔永遠追逐下去，最終卻還是吃不到。這可從在大陸黨代會後，蔡英文高調訪問邦交國及風光過境美國，且為大量購買武器埋下伏筆。她同時要求台三軍以實戰演練，從台灣東、南、西、北等面向「反制」解放軍繞台，以打消解放軍此項「常態」訓練。另警告北大台生王裕慶欲加入共黨將受嚴厲懲罰，如取消戶籍、鉅額罰款等，從台灣政府已把大陸視為唯一敵人的情形下，大陸仍一廂情願，自作多情笑臉相迎，必然落得「空遺恨」的尷尬結果。（2017.11.1）

台灣知識界常以大讚印度來扁低大陸

在台灣一片反中聲裡，因找不到勝過大陸者，乃把印度大加吹捧，從中找尋勝「中」的精神慰藉。最常聽到這些人稱讚印度軟體如何進步；經濟多麼增長等，似希望印度趕快在經濟、科技上領先中國以解台灣各方面落後大陸之「恨」。然而只要深入了解印度，肯定會發現它永遠無法趕上中國，更遑論超越了。首先印度人多（十二億多）地狹（只三百餘平方公里），貧富及知識水準相差太大，且宗教多達兩百多種，互鬥不斷，科技生產工廠規模均極小，平均不到大陸的五分之一。在貪腐方面中國皆發生在高層，基層一線工作認真嚴格不受影響，且政府將加強防腐，而印度由上到下行賄已根深普遍無法去除改變，以致影響產銷功效，甚至對生產重要的命脈電力，均難保正常供應等，凡此種種，印度又如何與「全國一盤棋」的中國相提並論。因此島內反中者必大失所望。（2017.10.30）

濃縮十九大的宏偉藍圖

此次中國共產黨十九大會議，具體指出了未來努力的目標。首先要在二〇二二年前，完成全部脫貧工作。而十八大迄今已使六千多萬人脫貧。今後要在二〇三五年實現社會主義現代化。至二〇五〇年，經濟和科技達到發達國家水平，人均ＧＤＰ達三萬美元。因此應於二〇三五年超過美國成全球第一大經濟體。其次在全面脫貧後，便進一步調整經濟結構，構建安全高效的能源體系，在二〇二〇年內全面改善生態環境。至於宏大的「一帶一路」倡議，在規模、覆蓋面、利己利人，扶助弱國等方面，皆非「馬歇爾計畫」可比。習近平提出的此項全球化方略，是以「互聯互通」而不傷害國家主權為前提的，他將其稱為「人類命運共同體」。習近平引領全球化，全球思想界定將再思考，為中國歷來的世界大同思想注入活水。故十九大的影響力與成就可謂非凡。認識中國制度者必定知道中國優良的政治制度，必有把握一一加以完成，且很可能還會提前完成各項目標。（2017.10.30）

中國應發揚引領世界的高尚文化

根據習近平十九大關於發揚中華優秀文化方面，要求同胞務必重視我國高尚的文化，並要全面積極培養人才。尤其強調提升文藝水準是透過現代科技灌輸好文化中最有效、潛移默化的方式。目前有識之士均認為，現在媒體播映的藝文節目及各現代與古裝劇等，除《三國志》、《紅樓夢》、《西遊記》、《水滸傳》及部分歷史劇外，其餘多為極低俗、媚俗、庸俗不堪，似欲藉此爭取票房。只見古裝或現代劇等，幾乎不出以暴力殺戮和搞不正常男女關係為主題，這種墮落走向，正好是多年前被媒體揭露美國情報單位陰謀透過網路等科技手段，向中國輸入低級文化、色情、亂愛、勾起犯罪、特別使青年腐化、墮落，從而引起動亂，造成各人工作懶散，對社會不良的影響快速傳播。今習近平強調重視格調高的中國歷史文化，它不僅能振奮人心，還是一個可以貢獻世界的正能量文化。（2017.10.29）

愛國是高尚情操是每個國民具有的

有當代中國大學問家之稱的季羨林曾留德十年，精通十餘國語言，著述極多，被國內學術界譽為「國寶」大師。他曾說，平生愛國，不甘後人，把他燒成灰，也是愛國的。

習近平一直關心愛國教育與民眾愛國精神的表現。十九大期間，有外國記者對人口十三億七千多萬的中國，有五十六個少數民族，竟能團結如鐵板一塊，感到不解而提出疑問，要知道何以致之？答案首先是幾千年傳統中華文化的基本力量，以及中國共產黨人永持犧牲奉獻為國為民精神所使然。中國自古即有民貴君輕的精神，先有國才有家。故人民一定要團結保國衛國，乃能存在安和樂利的家。這種意識在國民自私自利、政黨爭權奪利，與人民如買賣結構般的西洋，自然無法理解中國人對國家的無私奉獻、團結一致救國救民了。（2017.10.29）

中國高超的教育宗旨幾千年前就領先人類迄今未改

報載今日世界上的教育強國，指的是法、美、英等國運用科學技術，並輔以現代化的科技硬體設備作為發展良好教育條件，其所教出的學生，能如狼似虎般在這個競爭激烈的世界裡戰勝對手，追求壓倒他人後取得的果實，而被認為是人生最佳目的與獲得的享受，這就是各先進國家教學目的，且能名揚四海。其實此類教育對人類應屬失敗。今天科技雖進步，但由於人的內涵遠遠無法與之配合，導致本該造福人類與保護大自然理想，竟因培育出的一批精英，無論能力多強，本質卻是「衣冠禽獸」。因此科技原指望帶給人類幸福，然最迫切的卻是大文化數千年來教化人民應如何脫離禽獸，以「做人」，具仁愛互助；利己利人，扶助弱小為目標，才是有益人類長久存在的根本。由此，我們認為歐美教育缺少最重要的人性教育。而中國卻能把科技這種冷血怪獸，用來教育培養成有道德、人格高尚的「人」，去影響歐美等弱肉強食的大國。

（2017.10.27）

兩岸早屬正邪關係，十九大後應有終結

祖國大陸各涉台官員，不斷要求台灣主政者說清楚兩岸到底是什麼關係。多年來自李登輝、陳水扁以至馬英九的解答，皆不出「一邊一國」分離意識，均有白紙黑字紀錄可考。現在又不厭其煩的要求蔡英文答覆，以台獨分裂意識而言，自然無法符合大陸期待。在此我們願給大陸最正確，也是在台灣政治人物口中永遠說不出的答案，就是兩岸關係屬「正邪」關係。即大陸為世界公認的合法國家，聯合國中貢獻頗多、舉足輕重的泱泱大國。而台灣在中華民族歷史中應為改朝換代，將被淘汰的小部分失敗者。在古時如不歸順接受招安，便會被剿滅平定。頑抗正統謂之邪，歷史殷鑑，從未見邪能勝正的。目下台灣部分利令智昏者，幻想在外力支持下分裂國土，除非大陸全民放棄崛起，甘願再受屈辱，及放下「中國夢」的追求，否則「九二共識」指的兩岸關係，就是一個中國關係。因此我們認為島民不要被大前研一低看皆是「弱者」，應群起反獨促統，撥邪反正。（2017.10.27）

安倍在危機重重中獲選連任，註定日本前途暗淡

數年前，中國「六四」事件中，對西方世界盲目幻想的方勵之教授，經大陸任其移居美國後，感覺一切似乎並非他想像中的完美，乃欲一探聞名已久、現代化成績享譽世界的日本，看看書中極盡吹捧的日本，到底有多麼好。於是夫妻倆專程到日本參觀訪問。在日本受到了重視與熱忱招待，一睹許多想看的地方，日方也安排參觀了先進科技等。數月後在飽覽各處準備離開時，有媒體記者提問，要他說說對日本有何觀感。方勵之一時支支吾吾，似在思索如何回答，但其妻卻口直心快，脫口而出：「日本令人覺得處處小鼻子小眼睛，將永遠是個小國家。」從方妻的感受，再觀察到這些年安倍領政日本的作為，鼠肚雞腸、目光如豆，總以自吹自擂掩蓋其甘做美霸走狗，多行不義，不知感恩睦鄰，竟在美帝卵翼下四處放火，唯恐天下不亂，忘記亡國之痛，重啟侵略之路。此次日本大選，安倍再度勝出，足證日本已無國士，亦看出投票者之平庸弱智，註定此島國前景堪憐。（2017.10.23）

印度將永遠走不出小國格局

印度內政部長辛格，近日宣稱，根據中國學者所說，印度在文化上支配中國兩千年。言下之意儘管如今中國正飛黃騰達，引領世界，但古代中國卻曾受印度文化所支配。謹引用胡適曾表示此言論作為根據。其實凡知中國歷史者，皆知東漢印度佛教傳入。據國學大師錢穆稱，他研究發現當時傳入中國的佛經，其中思維不夠縝密，甚至矛盾重重或不通者頗多，乃由中國高僧重新在中華文化基礎上，加以徹底整理，成為漢以後流傳的佛教。這種印度早已丟棄，在其國內不復存在的佛學，沒想到智慧高的中國高僧，竟能化腐朽為神奇，成為修身立命、勸善養德的蓋世宗教，應與印度久無關係了。從這件事令我們看出無論是大國或小國，不在領土和人口，而在其胸襟，因此我們看美國、印度、日本皆屬「小國」，連新加坡都不如。

（2017.10.23）

美國公然詆毀中國，挑撥中印關係

十月十八日美國務卿蒂勒森到訪印度，大拍印度馬屁，稱印度和美國是世上兩個最大的民主國家，是地球上的兩個穩定力量。在大捧印度極盡肉麻之餘，卻赤裸裸公開了此行目的，只在貶抑中國。污指中國在國際間的極負責任為不負責任、支持並維護國際秩序為不守國際秩序、經濟利益互利雙贏說成美式掠奪等等。總是一個勁的指鹿為馬般背著良心破壞中國。但凡有識之士都能發現他洋洋灑灑對中國的不實污衊，也正是今日為世界各國所詬病，卻又拿它沒辦法的現象。我們感嘆今日美國真的每下愈況的墮落，有這樣的小人代表國家，在國際間專事挑撥離間，甚至造謠編謊侮辱別國，無端仇視他國，確實低級與失之正常。假如印度有自知之明，了解中國長久與鄰為善，及在國際社會的良好聲譽，對蒂勒森挑撥欲利用的不正之心應一笑置之。（2017.10.20）

十九大後反獨促統必雙管齊下

正當台灣執政者瘋狂去中國化之際，祖國大陸十月十八日熱烈莊嚴地召開十九大。它公開了未來中國要走的路，除要使中國富強，還要對世界人類有所貢獻。特別視全球人類為一共同體，將通過我教育優秀文化，教化影響世人走上仁愛互助坦途。在對國內外大發展同時，對於一小撮喪心病狂、數典亡祖的台獨分離份子也不可輕忽。習近平在十九大會議報告中，指出解放軍有能力捍衛國家領土完整，一定可完成祖國統一大業，並粉碎一切外來侵略和武裝挑釁，維護海外利益，成為地區與世界和平的堅定力量。針對台灣分離勢力，他很不客氣的提出六項不允許，強調任何人不要幻想讓中國吞下損害中國利益的苦果。尤其對台灣，今後不只要徹底反獨，同時要促統。習近平堅決滅獨和一定要統一的報告，曾獲全體代表最熱烈、鼓掌時間最久的回應。無疑的，兩岸統一已是現在進行式。（2017.10.20）

十九大期間正是台灣去中國化的巔峰

正當北京召開世界矚目的十九大重要會議之際，台灣島內台獨去中國化行動亦無所不用其極的全面推動。除了一貫的從文化、歷史、經濟等外更盡量提高軍力，並改變和加強對大陸的敵我意識，以抗統「併吞」為思想準則，做好武鬥奮戰基礎。另方面更異想天開，要破天荒地去除幾千年來十幾億中國人所使用，如今已為世界各國努力學習的中文，特別是別具意義、尤引人入勝的方塊文字。這部分台獨份子為要求去中國化，讓台灣居民從文字上遠離祖國，除了建議採用羅馬拼音取代中文。此外還要修改時區，由東八區改為東九區，令時鐘時間脫離「中原標準時間」，而成為東區時間與日、韓同。當我們聽到習近平在十九大報告中，提到對台獨堅決反對，並促進和平統一的願望。反觀台灣，雖表面善意以對大陸，但分裂的動作正步步加緊，從未稍停。（2017.10.20）

台灣將永不會踩在大陸設下的促統紅線

我在上海見媒體報導，涉台的權威人士及智庫在談到兩岸統一時，均以「問題太複雜」，必俟台獨集團踩到「反分裂國家法」時，觸到了紅線，大陸方面才會被逼得去處理兩岸統一問題。其實「問題太複雜」，只是平庸與雄才大略者對問題看法不同而已。因一般人眼中的麻煩，難解的事，在人才看來則根本不是問題。尤其對事情看得深入，能一針見血對症下藥。涉台人士們不應數十年還弄不清台灣分離勢力的作法，病在何處，自無法準確下藥。所謂要等台灣踩紅線，就太小看分裂勢力了。他們陣營中也有巧思謀略之士，加上有美日龐大智庫為後盾，豈會自尋死路。反倒是他們會設法永不碰觸「紅線」而讓大陸一直等下去，直到永遠。不統一他們就是贏家，也是美日等國要的結果。因為他們認為自己早就是獨立的國家，不必脫褲子放屁，多一道不必要「宣布獨立」的手續了。

（2017.10.11）

國民黨早已魂飛天外

自從海峽兩岸開放交流，尤其在馬英九主政島內，八年來兩岸交流熱絡，但大陸國台辦及學者卻對國民黨實際走的路一無所知，他們抱緊美日大腿，增購軍事設備，促進分離思想，在美國協助與教導下，成為遏制祖國大陸的有力棋子。直到台獨黨當政，誓言力抗大陸，正好又與馬英九代表的國民黨終極目標不謀而合，最低限度達到永久維持現狀，也就是美日等國要的「長期分裂」，只要中國不統一，就不是完整正常的大國，可影響全國大發展而永有後顧之優。面對從蔣介石掌權開始，迄今半個多世紀，國父孫中山先生屬意理想的國民黨，已與孫中山同葬入南京紫金山，哪裡還有黨魂！要是有黨魂，且能找回，也不會等到今天。現在台灣的國民黨是自私自利，失魂落魄，和民進黨目標殊途同歸，前者志在獨立建國，後者只在維持現狀，不統便最滿意了。（2017.10.8）

祖國大陸拍的電視劇
有一部分嚴重缺失

最近到大陸作較長時間旅遊及居住，發現電視劇中有極不健康的內容者，據稱是很受歡迎，收視率頗高的劇種。

這類電視劇之所以問題大，首先是不高尚，全劇沒有令人覺得生活有向上的意義，只見一群帥哥與美女，好像無所事事，捉對兒談戀愛，男男女女從頭到腳打扮均屬頂尖的時尚，能帶領流行。特別的是，這些外表惹人羨慕的一批劇中人，生活均相當奢華，運用現代化的道具，如汽車、洋房、手機、美酒，專做搞男女關係的「工作」。似乎個個皆為獵艷高手，男女都「旗鼓相當」，沒人是弱者，他（她）們無人不亂交，每人均有能力腳踩幾條船，沒人不沉醉在那動物原始的肉慾裡。尤其劇中不斷出現一再重複的叢林動作，確實噁心，對成長中的青少年定造成不良影響，誤以為人生黃金時代就是不幹正事、任性胡搞，為了談情說愛，更不把父母看在眼裡。你說這類劇值不值得檢討改進？（2017.10.7 於上海）

徹底瓦解日本妄想侵犯我釣魚島的方法頗多

多年來由於台灣宜蘭管轄的釣魚島，因魚產豐富，漁船在該島一帶捕魚，卻常與日本漁業單位發生衝突，在我領海內遭日方擄走，必須付款放人。繼而台灣在政府媚日情形下，形同放棄管轄領土的權利，任日本驅趕台灣漁船。於是大陸見台灣守土不利，乃出面護土，一方面保護兩岸漁民捕魚。多年來大陸本應登島建燈塔或其他設施，因避免無謂衝突而未進行開發。唯日本會錯意，以為中國軟弱，故升高其強占野心。近日欲變本加利，想將該島更名為「尖閣」以為可與石垣市掛在一起，實在妄想加天真，夢也不是如此做的。我們認為對這種「狗不會改變吃屎」、侵略成性的劣種，只有強硬以對，既不適合住人，乾脆改成各軍演訓的靶場，或早日收回台灣再協助宜蘭縣加強管控，使成漁業示範區。這才是一勞永逸、釜底抽薪的好辦法。（2017.9.29）

大陸企業界傷心於台商太忘恩負義

最近大陸企業向媒體公開對台商的不滿，直指忘恩負義，喪失我國傳統殷商敦厚的美德。事實是二十一世紀初，即全球金融風暴時，台灣企業均大受影響，尤其在面板、封測等影響台灣經濟命脈的大企業，面臨極大困境，大陸企業乃紛紛伸出援手，單以面板便以四十四億餘美元訂貨，一舉將台灣大企業拉出了金融風暴導致的危機。不過陸企方面做夢也想不到，台商恢復發展後，竟聯合多年在商業上的競爭死敵南韓，簽訂面板共同漲價協議，使銷往大陸面板半年漲了百分之三十以上，致大陸彩電企業等陷入困境。陸企乃決心自求發展，終成今日世界領先大廠之一。對台灣各大企業無情無義，且與美國聯手欲抵制並不和陸企合作，防止技術交流，然皆未能阻礙陸企進步，反而刺激了自立更生、大發展跟創新，成為世界舉足輕重，又蓋過台灣類似產品的大企業。另在大陸受惠的百萬台商幾乎均對兩岸統一毫無貢獻，不願為大陸說任何好話。（2017.9.29）

上海的教育在國際學生評估項目測評全球第一

最近一位把兒子送進上海某公立學校後，發現中國教育有美國急須學習的東西。這位美國母親透過「華爾街日報網站」為文，題為「為什麼中國小學勝過美國小學？」。這位美國母親指出，她發現中國教育具尊師重「教」（中國一般稱「道」，應亦包含「教」）在內。故樹立了「老師最懂」的教導權威，學生則盡情吸收知識。因此學生的基礎教育獲得深厚扎根，對未來研讀任何學科均有顯著幫助。特別在權威式老師教導薰陶下，在做人處事時，皆能溫文沉作，高人一等。對於中國教育的好，美、英兩國的教育官員及教育研究者，都曾多次到中國學習取經。更在國際學生評估項目測評中榮獲世界第一。凡了解中國的人，必知毛澤東學貫中西看書之廣博無人出其右者，而鄧小平復出，雖積極進行改革開放，卻同時花時間在辦好教育上。接著經江、胡繼續努力，及至如今習近平以世界新知為我用之餘，更發揚我國先哲瑰寶，使國人成最優秀的人。（2017.9.29）

中國大陸被外界認為是最善於管理的國家

筆者曾見一則新聞，報導一批中國青年到美國著名管理學院報到，該校主事者竟對這些學生說：「目前你們國家是世界上管理最好的國家，你們不在自己國內學管理，卻跑到這裡來……」。確實在國際間有目共睹，中國大陸能把十幾億國民安排好，各在其工作崗位上可以盡情創新發揮，享受安和樂利的人生。這種在安穩環境中發展的獲得，就是靠國家優良管理之利。原來中國大陸各級主政者均由罕見的「政治專業」進行管理，從最基層的村里街道即開始對眾人之事展開服務式的管理，排難解紛，使鄰里和諧健康快樂，生活有意義。而由基層往上，如市、縣、省、特區以至國務院領導，都不時透過黨校及各類專家「上課」，令國家面對內、外千頭萬緒千奇百怪的問題，皆能沉著應付，一一化解。了解大陸，即知全國各級官員（公僕）走上「政治專業」及政治現代化，用科學配合管理。故領導人必須出自專業中之精英，哪能如歐美及台灣外行選外行。（2017.9.25）

世界女首富辭世的啟示

被稱為世界女首富的莉莉安・貝當古夫人九月二十一日，在家族爭奪財產的不斷訴訟中與世長辭，享年九十四歲。她是法國全球最大化妝品企業繼承人。她生前持有歐萊雅集團百分之三十三點三十一股份，估計身家約三百三十億歐元。在二〇一七年「富比世」富豪榜排名第十四，應是名副其實的世界女性首富。她的丈夫貝當古一度出任內閣部長，而與反目的獨生女糾纏不息，又被親信揭露逃漏稅。晚年就在家族不和及訟事不斷中離開紊亂人世。然在毛澤東談生死一書中，他指出人生必有死亡的一天。唯死有重於泰山，輕於鴻毛。我們目睹他艱苦為國，抵禦外敵，對內建立新中國，排除萬難打下國家大發展的基石，乃有鄧、江、胡、習快速崛起，立於不敗的今天。撫今追昔，由毛澤東引領的愛國救國志士們之死，堪稱重於泰山，永垂青史，令人懷念。所謂這類世界首富身後的分量，對國家世人不具示範作用等正面影響，他們所永久存在的分量將只是一個有錢人而已。（2017.9.24）

美國總統「狗眼看人低」的後果

美國總統自小布希後，便極露骨的表現出霸道醜態。不但處處只顧美國利益，並欺壓打擊弱小國家奪取不應得且有失公平公平的利益。對弱小國家動輒恫嚇警告，必須令其擺布聽話，否則兵戎相見，殺人滅國，曝露出國與國間最醜陋無知的流氓劣根性。至於歐巴馬亦不遑多讓，和他的國務卿希拉蕊四處點火興風作浪，更對溫和崛起的中國，無故地掀起令人無法了解的仇恨，欲使出一切力量與方法，讓中國栽跟頭。如今美國總統上來個川普，甫坐上大位便如瘋狗般，要把各國踩到腳下。首先就遇見不受欺凌的北韓，金正恩雖年輕卻具鐵骨雄才。聽到近日川普在聯大極盡侮辱的惡言，乃隨即發表強硬聲明，要以比美霸對該國更為嚴厲的回應作為報復。現下的態勢是光腳的對上穿鞋的，估計美國即使占到優勢，也難獲多大便宜，甚至得不償失。（2017.9.23）

中國為何能快速崛起富強之謎

世界各國尤其歐美等先進國家，對中國在極短時間竟在不知不覺間突然成為全球第二大經濟體，臻於坐二望一，即將被各國推向當今世界舞台中心，成為「普惠世人」的共主。從中國跳躍式的大發展，除引起部分先進國的震撼與妒忌外，並想方設法無所不用其極，明的暗的加以無情陰狠的打擊阻撓，甚至公然破壞。然而事實勝於雄辯，中國的振興，主要靠領導人英明，能力超強。致全國團結一致，努力於全面改革發展，無論在強軍、經濟、教育、科技、文化、外交等多方面齊頭並進，終有驚人成就。最近由於歐美所謂民主制度不斷出現嚴重問題，造成社會亂源。而中國把優秀高明的中華文化融入現代化政治制度，故一反過去八國聯軍和日本侵略劣行，乃受普世歡迎，是力行平等互惠、和平共利的大國。至於中國奉行中國特色社會主義「一黨專政」，是世上獨一無二政治專業化，重視科技配合管理，治國必屬精英，自然「假民主式」的制度便無法與走在時代尖端的中國可比了。（2017.11.15）

台生到大陸就讀應認同祖國反對台獨

祖國大陸對台灣學生到大陸申請優厚的獎學金，必須先認同是中國人，兩岸屬一個國家。近年來由於台灣經濟不景氣，工作難找，而大陸不但機會多，且薪資較高，故青年往大陸謀職者日增，而欲進入大陸高校的學生也日漸加多。這些學生了解到大陸有國際水準的高校，且獎學金極高，可謂超國民待遇。即：以人民幣計算，專科生四千至八千元，碩士生五千至兩萬元，博士生最高可拿三萬元。同時學成找工作十分容易，因此對台灣青年有很大吸引力，也是台獨政府不願見的情況。特別在大陸公布台灣學生獎學金新規定，令台獨政府非常不滿，認為台灣青年到大陸讀書，不應設置前提。我們認為教育在培養優秀國民，不是養成漢奸、賣國賊，以及道高一尺、魔高一丈的異議份子，或為台獨壯大而教。故不但對台生有愛國規定，並應附加愛國教材。（2017.11.17）

蔡英文以兩手策略化解大陸對台兩手辦法

大陸十九大圓滿閉幕之際，傳出台獨領導人蔡英文致書馬來西亞當局，希望該國為海峽兩岸對話盡力。消息傳出，大陸有關方面立即反應，指兩岸問題是內政，他國無權插手。大陸立場認為這又是對蔡英文「打臉」。而殊不知正中蔡英文下懷，她乃可大肆宣揚，又一次對「中國」釋出善意仍被對方否定，不接受。以此告訴島民大陸之蠻横不講理，對台獨份子具鞏固與團結作用。根據媒體報導，對岸在十九大後，對台獨集團硬的更硬，而軟的寄希望於台灣人民，兩岸一家親、堅持和平統一等。而蔡英文的強硬在於絕不承認九二共識，台灣已是主權獨立國家，要力抗統一，以大陸為敵。軟的則抱緊美日，共謀永久分裂之道，好好運用大陸畫出的各類紅線，尤其求之不得的「和平統一誓言」。由於拖延統一對台獨和美日阻滯中國全面復興最有利，並使統一難度更複雜，甚至變為不可能，則遂了他們三方心願。（2017.11.17）

中國對世界良性貢獻正隨國力日漸強大而不斷擴大中

中國崛起的巨大成就之一，就是無私的向各國提出互利共贏政策，甚至對弱小國家無償支援，不求任何回報，並推行和平不靠武力逼人以獲利。對於國際間任何衝突矛盾，一律主張和平協商解決。這和歐美各國想的做的完全相違背，他們不信人類世界竟有講求利己利人，絕不為一己之私利而願損害別人的。故認為不可思議，其中一定有花樣和隱藏著某種陰謀，不敢相信中國如此偉大。但是中國自改革開放迄今，隨著崛起步伐快速前進，對外經貿均走互利合作，並且對弱國多所無私奉獻，數十年如一日從無絲毫欺騙。此種道義和講誠信的精神，自新中國成立後便堅守遵行，半個多世紀以來所言所行均未有假，或應允之事不能實現的。此由高超深厚的中華文化孕育而出的政權，其泱泱大國「獨樂樂不如眾樂樂」「世界共同體」向「人類一家親」，促進「大同世界」的完美理想境界，自然非叢林思維能平凡理解的。（2017.11.16）

美國似乎把其大政方針訂在阻礙中國發展上

遠的不談，自我國改革開放以來，中國上下一心，都在為建設現代化國家埋頭苦幹，希望國家早日富強。近三十年來虛懷若谷，向所有先進國家學習，終以中國人的聰明才智，很快掌握住先進的各類科技，甚至進一步鑽研不斷，有青出於藍而勝於藍的情形出現，而最令歐美等善妒不願公平競爭的國家感到震驚的是，被他們視為「爛攤子」的「大破國」，竟在短時間內，一飛衝天，百業興盛，不但經濟總量已在世界上坐二望，且在外交睦鄰，軍事、太空、造船、高鐵、科研、糧食、商貿等不勝枚舉的各項發展上，皆有領先世界各國的佳績出現，且由於中華傳統文化，是追求仁愛互助，希望世界和諧，最終走向世界大同的善美地球村。然而超級大國不致力於此，反而棄整個治國與促進世界和平於不顧，鼓起一雙邪惡低級的鼠眼，專門盯住中國的發展，並卑鄙的欲說服其他心術不正的國家參加搗亂行列。不過有識之士認為，中國該感謝美國的糾纏，進步才會如此快呢。（2017.11.16）

罄竹難書的美國知識界的性醜聞

記得多年前在台灣愛祖國的雜誌社，看到一份美國 CIA 中央情報局的內部文件，共約十條要求部屬努力達成。仔細一看，全是陰謀以放暗箭方式，不動聲色搞垮中國。令人印象最深、最卑鄙的一條，是利用各種媒體、訊息科技、書刊等大量向中國傳播色情，以引起亂情等讓青年在兩性關係變得早熟、靡爛、沉醉，進而喪失積極向上的鬥志，墜入墮落深淵無以自拔，間接影響工作和事業。甚至發生不幸案件，藉此在中國製造內部問題。他們認為針對人性弱點，也是諸多搞亂中國正常發展的各種方法之一。想不到一心想害中國的方法卻在美國自己家裡「大行其道」，上至領導層、白領圈內包括著名政治人物議員、法界人士等，其他行業亦普遍發生性醜聞不斷，青少年之觀念與行為亦多受色情影響，整個社會已走向兩性不正常的不歸路，這情形正是 CIA 要注入中國之毒嘛！我們在此呼籲歐美各國少做傷害人的事，多為自己國民幸福想想，因為害人先害己。（2017.11.18）

美國反華人士均顯心術不正，大國失格

美國總統川普對極端友善的中國進行國事訪問，受到熱情招待，並簽下巨額貿易訂單，被稱為給美國的大禮。其他經貿前景無限。川普應已體會到中國人之友善真誠、溫文儒雅、崇尚和平的傳統美德，特別不願占別人便宜。就在中美兩國熱情把手言歡之後，出乎想像的是，美國那批見解低俗平庸，且妒忌心強的，把自由平等民主博愛束之高閣，以邪惡醜陋對待中國的善良溫和。這些狼心狗肺之徒，多為其國會議員，他們昧著良心編織報告，污指中國科技會對美國不利。並在沒有任何證據情況下污指中國記者在美搜集情報。此外對台灣分離勢力百般支持與鼓勵，使台獨永續發展，近期還擬破壞三個聯合公報，立法對台軍事合作、行政（官員）交流升級等。這皆須中國按毛主席名言「人不犯我，我不犯人。人如犯我，我必犯人」，我們認為對付這種衣冠禽獸，必須採行毛主席參透人性的銘言，始能立於不敗。對數典忘祖的台獨，更不能例外。（2017.11.17）

祖國大陸應依法維護台灣的愛國同胞

最近由各行各業愛國同胞所組成的「中華統一促進黨」，曾不斷以行動反對台獨去中國化的活動。由於旗幟鮮明的反獨宣揚統一，甚至對台獨份子祭以當頭棒喝。引起主政的台獨不滿，乃扣以黑帽子和紅帽子，並指該黨接受大陸資助等等，進行「政治追殺」。我們認為既然台灣土地從未與大陸分開，在島上的中國同胞就應予以有效保護，對於不願作中國人，或甘做美日等國走狗者，必須視為叛徒，實施應有的處置與制裁，不能姑息不管，甚至期待分離意識者轉變，試問大陸內部出現的劉曉波、章敦頤（譯音）、方勵之、劉賓雁、王丹等等，有哪個回頭過。因此對挾洋自重的叛亂份子和集團，唯有依法即時打擊，且要除惡務盡。對愛國同胞理應堂堂正正大力支持，難道保護愛國同胞還不能理直氣壯嗎？（2017.11.16）

台政府繼馬英九後要實現日本版的「台灣關係法」

媒體報導，台灣駐日代表謝長廷稱，正盡力推動「台灣關係法」以拉近兩「國」關係。不過他分析，台日當年匆匆斷交，並沒有簽訂類似美國的「台灣關係法」來規範台日關係的發展。目前謝長廷是採取「堆積木」方式，透過個別協議，一步步地建立台日關係的架構。而目前台日「兩國」已是「夥伴關係」。未來將在個別協議逐漸累積後自然走上「台灣關係法」中特殊緊密的台日關係。屆時早就不希望兩岸統一的美日兩國，將會利用台灣分裂中國主權與領土，對大陸加大糾纏，使正在發展的中國如芒刺在背，也讓習近平的偉大中國夢，因核心利益的兩岸統一問題出現了想像外的困難。大陸曾寄希望於馬英九國民黨，其實當他主政台灣時訪問日本，就曾明白要求日本與台灣簽訂「台灣關係法」，極力促成美日兩國保護台灣。故在馬英九等看法，「九二共識」與「維持現狀」劃上等號，無關統一。只要國台辦提出政治談判，即可立見真章。大陸迄今謂何還看不透馬英九等，實令人不解。（2017.11.20）

和平統一必先公布統一時間表

台灣媒體近日發布「統」、「獨」民調，顯現重大轉折。指蔡英文處理兩岸關係不當者有百分之五十六，認為兩岸應和平統一者達百分之六十幾，其他如多數人民知道大陸的十九大，及對大陸將成世界第一強國，並對大陸官、民好感不斷增加等，皆屬遏獨促統的最佳時機。我們贊成那年台灣上將許歷農睿智地向習近平建議：儘速公布統一時間表。因首先可讓島內激起熱烈討論，由於從李、扁、馬、蔡和無數政治人物、大小官員，甚至媒體人等皆屬家財萬貫，其他居民亦多數小康以上，而三軍早已養尊處優，其他如各級民代更是財大氣粗。以宣誓抗中的蔡英文連座車均超豪華，還會武力抗統嗎？目下兩千三百萬最怕武統的人，只要大陸公布統一時間，主張和統者必壓倒性勝利。深知台灣者都了解，島民數十年安逸慣了，任誰都不願打仗送死。統一時間表既可避免武統，也可避免突然因台獨急進造成不得已的武統。其對兩岸均造成傷害與損失。不妨參考收回香港的作法。（2017.11.22）

在台灣推行一國兩制
應對症下藥

在祖國日趨強大之際，全國同胞和全球華僑與島內愛國人士等，對兩岸統一如大旱之望雲霓，希望早日統一成為主權完整正常的偉大國家、任何領土絕不受異議份子霸占，或公然勾結外國勢力變相入侵，甚至喪心病狂搞獨立。由於統一在望，我們認為研議「台灣基本法」應特別要周詳，並以香港為鑑。首先在軍事方面即使過去談過台灣可保留軍隊，那並未成文。由於台島為大陸門戶，地位重要，故必須駐設重兵，對內基本法應防獨，對分離份子視為叛亂及叛國重罪，教材應與國家各省統一。對於不法或陰謀份子依法公布劣行和嚴懲。在文化、教育、商貿、旅遊之外，並招待島民分批參觀各大建設，尤其介紹科技諸多領先世界之成就，以及列強侵華史等，使島民認識真實祖國，使產生愛國之情而心向偉大祖國。亦協助島內各項建設則更大快人心了。（2017.11.22）

美國彭博社認為中國教育將是經濟的頭號風險之誤

據美國彭博社文章報導，中國雄心勃勃，一心想要在本世紀中葉，成為社會主義現代化強國。該理想尤其強調促進創新，和科技的作用。鑒於當前中國的人力資本水平以及世界經濟正在隱約發生的變化，實現該理想的難度恐怕超出預期。該文並舉出許多狀況和數據以佐證其預測等。總之是要對中國突出而能影響世界的宏偉計畫唱反調。要知道看一個團體或公司、國家有沒有前景，能否克服面臨的種種困難，主要看他擁有的上乘人才數量和素質是否足夠。因為所謂人才，就是別人認為是問題，甚至難解的問題，在人才看來「小事一樁」，舉手消除輕鬆愉快。這就像大陸逃到美國的異議人士，用盡心思寫了不少破壞中國大陸的文章和書籍，加上歐美等國順著反華賣國者的造謠，諸如「中國威脅論」、「內外問題難解」等，皆直指大陸崩潰在即。然而數十年過去了，沒一個問題難倒中國，且反而在國際間鋪天蓋地永無休止的唱衰中，日趨茁壯，如今這些被外國培養的奴才打手已先後死去，唯洋人仍在造謠。（2017.11.22）

大陸才是真愛台灣

多年來「愛台灣」這個詞兒似乎成了口頭語，充斥在台灣社會的每個角落，凡公眾集會、運動場合、各大媒體、海外活動等總會聽到這三個字。而各黨派，尤其國民黨和民進黨，更認為是對抗祖國必喊的三個字。認為愛台灣是反中的利器，視主張統一為不愛台灣。殊不知祖國大陸由政府到民間十三億七千多萬同胞，才是愛台灣愛到骨髓裡的真愛，是無與倫比的親情之愛。而島內瀰漫的「愛台灣」，是野心份子反中分裂國土者用以排斥祖國統一、擁抱美日及其他妒忌祖國崛起壯大的陰謀用語，是牽著島民鼻子走，成為列強打壓祖國棋子，甘做洋人走狗奴才的「錯愛」。島內經常掛在人民嘴邊的「愛台灣」，是未經仔細思考的愛，是逆勢叛國、叛亂之愛，如不醒悟，必將為十幾億同胞的真愛所糾正吞噬。要明白愛台灣即更愛祖國，是一體不分，也無法分開的。尤其大陸對台灣之愛，是任何人推不開而必須接受的，否則就不是中國人，應離開中國領土台灣。（2017.11.21）

馬英九談「九二共識」，後面一定加上「一中各表」，用意何在

祖國大陸十九大會議後，馬英九透過媒體呼籲蔡英文不妨承認「九二共識」以解除兩岸政府間的僵局。記得馬英九主政時曾向大陸大談「九二共識」，卻技巧性的加上個「一中各表」，無形中與大陸實實在在的「一中原則」差了十萬八千里。何以見得？君不見馬英九當政八年，騙取兩岸大交流、外交休兵，並參與國際活動，猛打台灣知名度，由大陸取得經濟活水，竟以鉅款向美國大量採購武器，又不恢復陳水扁當政時所切斷的大陸中央電視第四台，和雲南電視台的收訊，使台民長期對大陸陌生。最嚴重的是，對反中、敵視祖國者的大肆放縱，致台獨獲得發展溫床，從文化、教育等多方下手，終成氣候，一舉取得台灣領導權，大張旗鼓地走向獨立建國的分裂之途。這些都是馬英九治台八年，不但未做一件有利統一之事，反養大了台獨和肥了美國軍火商的鐵證。（2017.11.21）

大陸核彈能精準打擊全球目標，一枚可毀一國

祖國大陸在獲得現代科技後，由於愛國科學家的努力不懈，短時間內即成就顯著，孫中山的超英趕美，迎頭趕上已非夢想。目前最難得的是各類人才齊備，單以保國衛家粉碎列強欺凌等方面，已有萬全的打擊能力。就拿核導彈而言，東風－41 的威力可達世界任何國家，為核子多彈頭設計。一枚導彈足以毀滅一個國家的整個政治中心，使之一切陷於崩潰。因此東風－41 據傳已量產服役，且機動與隱蔽性強，是嚇阻美帝妄想阻撓海峽兩岸統一時萬一發生外力支援時，有力排除的利器，也是打消分裂勢力不識時務、輕舉妄動的企圖。至於其他各式各樣的先進武器，不但多且彈頭（子彈）數量驚人，絕非任何島區能夠抵擋。我們誠懇奉勸，「名不正」的台灣分離思維者務必看清情勢，不要知其不可而為之，最後落得悲慘下場和千古罵名而遺臭萬年，使子孫後代永難抬頭。（2017.11.23）

中國是政治專業精英治國、人民監督的民主典範

西方的所謂「民主」，如今證明是假象，是黨派與財團所主導的政治，百行百業的人民只是被利用來投票的工具而已。最近美國媒體稱中國應學美式民主，殊不知中國才是貨真價實的，不同於西方模式的好民主、良性民主。今天中國之強大，要歸功於毛澤東早期即奠定了人民至上的「新民主主義」，腳踏實地的做到全面民主。他曾一再指出，任何國家如不能做好民主工作，一定會覆亡。故即使在軍中亦實施徹底民主，如禁止打罵、尊重士兵意見、官兵如兄弟，故上下一心，戰無不勝。如今中國快速崛起，最令歐美人士難以了解的，正是他們看不見的「中國式民主」。它昂揚走在時代尖端成為另類的民主典範，是因為政治專業治國，並負責各階層管理與執行一切為民服務的工作。人民在各行業中努力，對施政是否有感進行反應，達到監督目的。而政治人物進階由政治專業中作內部公平推舉，不必麻煩百行百業的「政治外行」胡亂票選，被黨派財團以民主之名加以利用。故歐美之亂由此假民主而引起。（2017.11.24）

美國資深記者見證中國富強，預測十年為全球最大經濟體

美國名記者戴維・克蘭，一九七八年曾在中國見到鄧小平，聽鄧小平介紹將如何釋放龐大的創業活力，進行全面現代化的計畫。那時並不以為然，心想只是一種幻想而已。然三十幾年後的今天，截維・克蘭又來到中國，偉大的中國領導人鄧小平雖已逝世，但他當年介紹宏偉強國藍圖時，那副堅定自信的嚴肅神情卻浮現腦際。對於目前站在繁盛富強已坐二望一，仍開足馬力向前的中國，印證於鄧小平所有的談話，他都相信了，也親眼見證了。他指出，聽鄧小平談話時，估計全國私家車只有幾千輛，而現在竟超過兩億輛，增加了五十多倍。眼見中國人的可支配收入一路飆升，人民生活自由自在，努力創新，前景不可限量，社會安定幸福，諸多建設更是驚人。面對如此快速進步、活力無窮的中國，戴維・克蘭認為他的國家成天管別國閒事、眼睛總盯住別人的情形應該改正了，否則將日趨衰落，成為世上不受歡迎的亂源製造者。（2017.11.23）

不講信義的美國將逼出超級 IS

本來愛好和平的中國領導人習近平與川普會談，已初步同意北韓問題以和平談判解決。豈料就在北韓停止核試不繼續發射導彈，各方也咸認為北韓已理性暗示願回到談判桌上之際，美國卻似有意破壞和平。首先以航母大軍對著北韓「壓境」演習，耀武揚威於北韓家門口。接著宣布指北韓為「支恐國」。同時霸道的不准世界各國與北韓經貿往來，否則將予制裁，決心要以各種強硬手段斷絕北韓的生路。先前唱出的和平談判只是騙人的空話，其真正的作法，是要滅亡北韓，然而一旦把擁有「核子牙」的北韓，任意扣以邪惡的帽子，且不讓它有生路，則北韓勢必舉全國之力，即「民不畏死」及「予願與汝偕亡」，以視死如歸的勇氣，將使美國遭受兩百年來從未承受過的打擊，其威力必是 IS 的十萬倍。中國有句俗語，穿鞋的不跟光腳的鬥。美國任意欺凌小國，不重視人權與人命，單以利比亞、伊拉克在美國不人道打擊下，終製造出不怕強權的 IS 集團，令世界受害，現又要逼北韓與美拚命，美必吃苦果。（2017.11.24）

領導世界在於仁愛而非靠霸道

中華文化的精髓是仁愛互助，對弱小者必須扶助。祖國大陸自新中國建立，即秉持此標準睦鄰友好，從未侵犯他國，尤其看到小國在被大國欺凌壓迫時，都會無私的伸出正義之手，甚至協助其保衛國家抵禦強權。最近祖國在黨的十九大召開期間，世界各國對我國在世界和平所作的貢獻讚譽連連，認為夠格擔任世界的領導者。不過中國部分人則認為儘管快速崛起，但在總體實力上，仍遜於美國，故距領導世界尚遠。然而實際上，目前很紊亂的世界，其秩序已被強權霸道所攪亂，導致聯合國失去威信。故在人類科技大進步的當今，世界更不平靜，自然無法享受科學的成果，且反被強國用作濫權欺人的工具。而中國的文化政治，可透過正義無私利他的精神，促進世界和諧，以優良理想走在時代前端的制度而影響各國。誰說領導世界一定要合乎美式條件？（2017.11.25）

對於搞獨立運動者應以叛亂犯定罪

最近中國足球隊在德國比賽，發生叛國的西藏分裂份子舉「藏獨」旗幟鬧場，經我國球隊向德主辦單位抗議，始平息此事。其實我國人口眾多，為人所痛恨的漢奸賣國賊也不少。這些人有的是外國陰謀者蠱惑，或靠洋人生活，他們的共同點就是自私自利。當他們利益無法擁有，或特權遭到取消時，便會遷怒到社會和國家，由恨而付諸反抗的行動，乃結合社會上不滿現狀，工作、學業有不滿、不如意者，進行反社會和擴至反政府情況，進而有外力見縫插針地將這類人引導成反華勢力，其中他們最想要的是讓這批人像達賴一樣搞局部獨立，使大國變小。故目前反華者中有藏獨、台獨、疆獨、港獨等。我們認為政府對這類人等，應以嚴刑峻法依叛亂重犯懲處，在國外者予以通緝成案，使各國協助逮捕，務使叛國者能繩之以法，另對囂張於海外以媒體光碟等行動破壞祖國等，亦該列入叛國重罪，如「法輪功」已成外國對我反宣傳的重要工具之一。（2017.11.25）

上乘的中華國術不宜進行對打

忽見《環球時報》有關祖國武術比賽的新聞，文章主要談及我國國術竟走上「格鬥」（散打）一途，也就是舉手自由搏擊，這在國外早已行之有年。一般人都對在我國流傳千年且演化至高深無敵的武術有疑慮，為何不能贏過西洋鬥牛式的「洋拳」，尤其面對「格鬥」搏擊時更不堪一擊。究其原因，在於武術高手於現代槍械發展後，在傳授武術時皆保留了岳飛、戚繼光等「不招不架，只有一下」即可重傷敵人的高超武藝部分。其實一般人所了解的武術，均屬適合表演性質的「套路」，可說是花拳繡腿，偏重於健康養身，絕難應付千變萬化的實戰。真正實戰的中華武藝，是必須配合堅實的基本功，所謂「練武不練基本功，到老仍然一場空」。故基本功練成任何拳腳，凡出手必受傷而無法繼擊。再加上拳法攻防一體，攻其所必救。有時以重拳或實掌閃電奇襲，則因出手必傷人而禁在鄉里比賽。我們真希望這種上乘實戰武藝能保存於祖國少數研究機構而免失傳。一旦古人長年實戰所改進出的精華失傳則是一種損失。（2017.11.25）

澳洲白皮書突顯其政治人物弱智

從澳洲發表的白皮書內容，明顯看出其主政者是非不清，呈現弱智。此將嚴重影響國家往正確方向的邁進。這對其國家整體長遠發展必會十分不利。首先白皮書忠實指出，從中國的崛起中，該國是受益最多的國家之一，但是他們對中國的崛起始終抱著一種矛盾、糾結的心態，和揮之不去的不安全感。但仍在面對龐大利益之下，致力於同中國發展強大和建設性關係。同時又一面渲染中國崛起帶來的挑戰，卻還祈求美國作為其後台保護云云。對於澳洲與中國多年交往，貿易日趨龐大，互利雙贏合理公平，其他來往如觀光旅遊等，均正常愉快，還有學生交流亦不可勝數。因此由兩國長期交流中，澳洲應深知中國不同於歐美，崛起便憑力量展開弱肉強食，如果當年八國聯軍霸凌中國，及日本之瘋狂侵略戰爭等劣行。中國是罕見的和平崛起，格調極高，絕不像美國詭詐，保護是要給代價的。我們希望澳洲當政者再深入了解中國。最好從主張「仁愛互助，天下為公」認識起。（2017.11.25）

大陸遏制台獨應多管齊下
以實際行動促統

據媒體報導，十九大後對兩岸統一正加緊進行。這是大陸全體人民和島內頭腦清醒的愛國之士數十年所渴望的。然而檢討過去三十餘年的兩岸交流，事實擺在眼前，反而造成了台獨勢力膨脹，甚至與港獨等連成一線，使分裂勢力在台形成核心，並引進外國勢力協助撐腰，隱然干涉我國內政，美國居然也以「與台灣關係法」的國內法，直接公然干涉我國內政數十年仍未取消。此情形已令國人蒙羞，必須交涉廢除。同時島內在台獨掌控下，正與日本爭取比照美國該法之形成同樣辦理，儘管是否能成尚待觀察，唯島內台獨正積極發展，乃是事實。今國台辦以鼓勵島內青年至大陸就學就業，不再以旅遊、貿易救濟分離勢力，應屬明智。然應有計畫利用公餘、假期，以補助等方式招待其參觀偉大建設，以潛移默化使之認同祖國，了解過去島內的惡宣傳之不實。另對島上台獨應多方圍堵，有效壓制，不可絲毫放鬆，必須有進度的壓縮，避免如過去的放任，成為台獨無盡期地延續。（2017.11.25）

對台灣愛國統派團體和個人應擺明支持鼓勵

台灣愛國家主張統一收回台島，使國家早日正常完整，成為雪恥圖強，順利圓滿達到「中國夢」實現。於是島內不斷有此觀念而志同道合者，便形成許多愛國團體，如：「中國統一聯盟」、「四海同心會」、「台灣廣播電台新聞評論」、「遠望雜誌」等，還有內政部拒絕登記的「台灣共產黨」及「中華統一促進黨」等等。不過這些反獨促統組織人數均屬有限，不成氣候，都似孤軍奮鬥，全靠這些人自己出錢出力地苦撐著，而這些人均屬正派君子居多，每一聚會活動，做任何對統一的宣傳等，都得從原已微薄的生活費中擠出。而他們的活動連重視兩岸問題的「旺報」亦難刊出。因此我們覺得國台辦未對島內最該重視的統派加以重視，應屬錯誤，今後希望政府，特別是國台辦，必須堂堂正正，大張旗鼓地支持他們使之壯大，讓島內愛國團體活躍起來。（2017.11.25）

美國如不停止支持台獨就是公然與中國為敵

狡詐無信義的美國政府，自與中國簽定公報建交後，便想方設法違反承諾，採用各種手段欺凌中國，絕不讓中國的領土台灣和大陸統一。美國除在國際間「自私」的維護著台灣外，更著重在壯大軍備上，把賣武器給台灣成為理所當然之事。在政治上並出謀劃策，使大陸對台「投鼠忌器」，而不敢也無法照自己的方法加以統一，美國還教導台方在其設計下達到「維持現狀」直到永遠的實質兩國，滿足其以台制中的目的，因為唯有使中國長久地成為不健康完滿的「缺陷大國」，美國才會心滿意足。我們認為美國的惡劣作為，我國應可透過民意，宣傳其邪惡不道德情形，尤其要讓美國人民評理，喚起其良知。如其不滿美政府，或在某洲出現欲獨立者時，我們即予以大力支持、贈送武器等，不知美政府和人民會作何反應和感受。據報載，美國防亞太事務助理部長被提名人薛瑞福，盼美對台軍售程序正常化，此等說法簡直是目空一切，完全不把中國放在眼裡，是對中國人的最大侮辱。外交部應嚴加譴責，並設法阻止台灣接受軍購。（2017.11.26）

美國政壇性醜聞不斷，是一群禽獸治國

美國的醜聞多年來從未斷過。自好萊塢、總統、官員、議員、軍隊、公司企業等，似乎無所不在，僅鬧上媒體的便罄竹難書，可謂在上下交爭利之餘，這些手中稍有權柄者，均如餓虎般地撲向其掌下的弱勢異性。受害者因懼於權勢和個人名節，或工作問題，多半是忍氣吞聲，往往「私了」完事。因此據媒體透露，這些參與治國大權的人物，雖權傾一時，卻皆屬人模人樣、衣冠楚楚的衣冠禽獸。中國人一向講究修身，習近平指出「打鐵還須自身硬」，修身而後齊家，家齊才能談治國，以至平天下。用此標準，則美國從上到下應沒幾人合格。難怪美國無論對內或對外都展現弱肉強食，尤其對外張牙舞爪，不講情義道理，只為私利，在對付外國時更是狡詐陰狠不留餘地。此種低級文化的國家，雖然科技發達，唯其內涵卻是令人不齒、禍害人類的大國。最令人失望的是，除美國外，歐洲先進國家的政壇醜聞亦時有所聞，有不遑多讓之勢。有識之士咸認中華文化將是救世寶典。（2017.11.29）

從李明哲案看台獨之不應存在

台獨份子李明哲，因涉嫌在大陸進行顛覆國家政權活動而遭逮捕並判處徒刑。此事一時引起台灣政府及民間爭論，台獨政府認為「傳播民主理念無罪」及「拉開了兩岸人民距離」而感到無法接受。但深知大陸制度者，皆知所謂「民主」是必須在法律上具公信力的，而大陸執法嚴明，台灣多年來法律在人民心中已失公信力，是屬有問題極不正常的民主。何況民主自由是要人民親身感受的，不是掛在嘴上的。問生活在大陸多年的台胞，在台灣和在大陸有何不同，他們必會說完全一樣，反而在社會安全上覺得更有保障，尤其不會有不健康的選舉等人情左右的困擾。因此台灣政府強調自由民主，正好大曝其短。而因此案更牽動台灣統派民眾的熱烈迴響，認為台獨是顛覆國家明目張膽的集團，他們勾結外力，聯絡達賴、港獨，又霸占國土，與中央敵對，如不趕早剷除，終將毒瘤擴散或作怪。若把叛國的台獨皆繩之於法，消除兩岸距離，美帝「亞太平衡」、「重返亞洲」的野心亦必失去著力點。

（2017.11.30）

記一位在亞特蘭大開餐廳的台灣人之經驗

我的一位朋友劉某，在台灣憲兵上校退役後，偶然機會移民至美國中部風景優美、氣候宜人的亞特蘭大城市，當地中國人不少，有台灣及大陸的移民，而韓國人也有。劉某為了生活乃開了家「炒飯王」，夫妻倆以各種炒飯為主要賣點。唯開店安居後，始發現地方治安很差，偷、竊、搶等暴力時有發生。記得那年與他相聚時，見他身上放一把手槍、車上也藏一把、餐廳櫃裡放一把，在其家中竟還有兩把長槍，並常於閒暇時驅車到他自己農場專設的靶場練槍。劉君告訴我，曾有一對白人情侶來吃飯，一連要求三次重炒，並拿出槍來示威，幸現場有一便衣警察將該尋釁滋事的青年帶出。另有一次客人身上手槍不慎落地走火，子彈打到其妻前面的櫃台。今見美國「黑五」狂歡節，竟然槍枝大賣二十萬支，凶器氾濫，極難管制，豈是人民之福。相隔多年不知劉君近況如何。（2017.11.30）

十一月二十九日北韓成功試射最強洲際導彈

美日兩國近日不斷地在北韓國境周邊大肆軍演，又宣稱將聯合相關國家，對金正恩政權全面實施經濟封鎖。北韓對美國這種武力恫嚇絲毫不裡會，出人意料地發射了令美日及南韓震驚的強力導彈。其導彈號稱「最強」，是因為它能裝上威力最強又殺傷力極大的核子彈頭，其洲際導彈射程達一萬三千公里，威力可覆蓋整個美國領土。由此可知，北韓在導彈與核子技術方面的快速進展，已直接威脅到美國國家安全。就北韓金正恩而言，今日之所以具有以小搏大、以弱抗強的本錢利器，其實都要感謝美國的驕橫進逼，其對北韓一度所表現的低調克制，以及希望走上談判桌的訴求都置之不理，乃迫使北韓只有努力研發自衛與強大的軍事報復能力，終於有此成就。我們一直認為美國政府長期都以武力配合外交，四處挑起國際間的矛盾，好像不願世界和平。如今又對北韓全面封鎖，一旦見效，不啻把北韓逼上絕路，則「困獸之鬥」必使美國遭致建國以來最慘重的打擊。在此但願美國把帳算清楚，畢竟給別人活路也是給自己活路。（2017.11.30）

凡涉台海兩岸問題一定會出現鬼魅般美國人的影子

關於台獨前黨工李明哲，因為準備進入大陸天真的想聯絡少數異議人士，從事顛覆政府的活動，而遭大陸逮捕起訴。法庭認為他有認罪、悔罪，乃從輕處罰，判刑五年，並未重判十年。然而據媒體報導，李明哲事件不能等閒視之，因為只要是有與大陸糾纏的人、事，從過去多年的經驗幾乎幕後都有妒忌中國、不願公平競爭的卑鄙大國美國從中搗蛋，不把別國法律當一回事，同時粗暴地干涉中國內政，就以美國狂妄地透過其東亞局呼籲北京放人，足證美國是個不尊重別國法律、專門支持別國的搗蛋份子。多年來殘忍的美國，不深切記取多行不義而引來九一一罕見的慘案，不知害死了多少善良人民。由於國內不加檢討，反而處處霸道，為獲取美國利益而不惜以大量殺傷武器對付小國，草菅人命乃至毫無人性。世界近代史應不會放過這種打著「人權」卻是藐視「人權」的國家。中國改革開放和過去歐美及日本完全不同，是講求和平崛起、與人為善。唯八國聯軍和日本恃強入侵，想來這些國家多麼低級無恥。希望從不自省的美國起碼要知廉恥才好。

（2017.11.30）

大陸幼兒園虐童事件應為偶發事件，可杜絕類似事情

在十三億七千萬人民中，爆發出了一件虐童案。我們最關心的是政府的處理和對全國幼教的監督了解，以及進一步所作的評鑑與獎懲。這些措施也許早已進行，此後必會認真執行。至於此類虐童事件各國均有，不一定發生在學校，家裡或公共場所皆有可能出現，多半虐童者本身就有問題，只要社會相關機構多加注意，這類事情必然消除。前不久在上海看電視新聞，突見某省有五名中學女生，因欺負同學竟被法界判刑數月，必須接受輔導教育。這種事情及為少見，但有感於學校能及時注意並予以有效處理的態度，使年輕人不再暴力相向而養成和平忍讓互助互愛良好品德，因此向久居大陸親人談起在電視上所見。他們告訴我以上海而論，連小學兒童發生打架，學校均極重視，除特別輔導灌輸道理並通知雙方家長會談交換改進方法，務使兒童之間皆成好同學。從這些正常教案，對大陸普遍重視幼教實情，不應對已改進的個案，刻意渲染炒作。此外這是我國之事，外人不必多管閒事。奉勸令人厭惡而不懷好意的美國人閉嘴。（2017.11.30）

台灣原住民陳志強佩服共產黨真愛民

陳志強由於曾做過演員，在台灣頗有名氣。據報導他二〇〇四年到大陸，進入一家台資企業任幹部。他看到員工均從天南地北而來，如東北、河南、廣東、福建等各省，但大家生活工作在一塊兒，卻融合愉快，無省籍觀念，不像在台灣，有外省、閩南、客家和原住民之分，其中對原住民的歧視實在令他心存不平。然而在大陸有五十六種民族，加上幾十個省與地區，卻一視同仁，語言又能溝通，真如一家人。此外他發現共產黨員能腳踏實地為人民服務，尤其共黨相關部門對少數民族特別關心，輔導創業脫貧。當他回台看到深深了解共產黨的「中華促進統一黨」亦具為民服務精神，常以民生必需品接濟原住民貧苦者，他感動之餘毅然加入該黨，參與兩岸促統工作。同時陳志強說，台灣各政黨如能有中國共黨的實實在在服務精神，才是老百姓之福。（2017.12.1）

世界「共同體」必將走向大同的理想

就在美國憑其超強之勢，專以「美國利益」恃強凌弱，並殘忍地對待那些不順其要求或公然反抗者，而不擇手段加以打擊之際，崛起的中國卻以仁愛精神面對世界，濟弱扶傾，倡導我國古聖先賢的仁民愛物，對人類施予平等愛與幫助，最終至於世界大同。目前我國領導人習近平盱衡現勢，高瞻遠矚，即時提出宏偉政策，邀約全球具影響力的各國政黨領袖，倡導天下一家理念，不搞任何不同模式的政治壁壘，各國各地區的人類就是「一家人」，自然應「一家親」。這正是我國「利已利人，人溺已溺」、「老吾老以及人之老，幼吾幼以及人之幼」、「天下一家」的崇高要求。習近平春雷般的偉大人格展現，震撼了人類長久以來的弱肉強食，適者生存的叢林定律而血淋淋鬥爭不止，今日美朝間的爭鬥便非高等動物表現。無怪乎習近平偉大理念一呼百應，希望是扭轉世界治理的起點，人類因此聚會而深切檢討以至清醒，更將影響離群索居的短視一群人——台灣分離勢力者。（2017.12.2）

對北韓試射導彈，美國竟發瘋似的反應過度

自韓戰結束後，美國與北韓關係一直處於高度緊張，近日美國又一再挑釁，完全不理北韓表現的善意，繼續大張旗鼓地在其門口肆無忌憚的軍事大演習，出乎眾人所期待的，其對協調談判隻字未提，與和平背道而行。尤其在北韓被逼而再度發射長程導彈成功後，美國政界更咬牙切齒，露出一貫不講理的醜相，根本不把聯合國安理會看在眼裡，直接要求與北韓有來往的國家，改聽美國的，要迅速與北韓停止一切往來，特別是經貿等被要求立即停止。美國這種趕盡殺絕的作法，擺明了不願上談判桌，而是要消滅這個意圖武力自衛的小國。美國的作法應已引起周邊國家的反感，憑什麼要求「周邊國家」對北韓採取極不人道的禁運，有機會上談判桌卻又故意想用圍困再加武力之途徑，企圖滅人國家遂其「美國利益」。美國這種「桀、紂」心態，勢必引起有良知的國家抵制。而最終美國也將受「狗急跳牆」之害，初嚐本土戰禍之可怕。（2017.12.2）

近日兩岸的兩件大事先後發生了

首先是祖國國務院於六日發布了「反間諜法實施細則」，其中明列分裂國家、破壞國家統一等，屬間諜行為以外的危害國家安全行為。因此按中華人民共和國法律，凡任何破壞兩岸統一者，即為違法。或視為背叛祖國，及危害國家安全等罪嫌，國安機關可通緝、逮捕。按此法已明顯針對台灣各分裂勢力，自然香港一小撮洋奴走狗，亦將依此法懲處。其次，則是七日的媒體報導，當解放軍空軍編隊，與海軍驅逐艦，獲衛艦等實施繞台航行，進行海、空聯合軍演時，因進入台灣劃定的防空識別區，台灣空軍 F16 一架升空攔截監控，被解放軍轟六駕駛員指台空軍駕駛應立刻讓開，否則後果自負。致台機立即避開。從此連續發生的事，可看出兩岸間山雨欲來風滿樓，窺出大陸十九大後，對統已釋放急迫信息，最明顯而嚴重的是，視「反對統一」「破壞統一」為叛國，明白告訴台灣前面可走的路只有一條，就是統一，否則便是叛國違法。由此觀之，「獨台」「台獨」皆屬叛國違法矣。（2017.12.9）

北韓與以巴問題的製造者
都是美國

天下本無事，世界各國間的摩擦、衝突、矛盾，以及小事化大、和平變戰爭等等，似乎都與美國脫不了關係。前任美國總統歐巴馬「重返亞洲」，又向各國挑起「茉莉花革命」，使東歐政情不穩，加速國家混亂。同時又在亞洲興風作浪，並把中國當敵手，傾力阻礙其快速發展。繼歐巴馬之後的川普，更向世人宣布「美國第一」，一切追求美國利益，等於告訴世人，「美國是自私自立」的國家，然而實際上的作為卻是損人不利己的，或是利小而害大。先是北韓，由於川普不斷以言語和軍演，迫使其加快導彈與核武力量以自衛，儘管美韓（北韓）箭拔弩張，但美國有識之士皆知戰爭一旦爆發，難免有焦土之虞。而出乎大家意料的，川普竟在北韓與美對峙難解當口，卻又突然把手伸向耶路撒冷，掀起以巴衝突，使得本就不平靜的中東地區波瀾再起，逼得聯合國安理會緊急磋商滅火，而龐大的反美怒火已迅速燒向美國，美國人民已收到旅遊警示。這豈非沒事找事，添亂嗎！（2017.12.9）

大陸舉起「武統棒子」之時
才是和平統一之日的到來

正當台獨政府因美國會在二〇一八年國防授權法案中，要求美國防部評估美台軍艦互訪的可能性，而欣喜若狂之際，中國駐美公使李克新乃迅即宣稱：「美國軍艦抵達高雄之日，就是我解放軍武力統一台灣之時」。此語一出全台震動。首先是台獨本以為抱穩了美國大腿，在足以遏制大陸的超級強國支持與協助下，提前完成獨立建國夢。想不到就在獨立根基築就，安心等待美國力量助推，由暗獨走向正式獨立當口，被大陸方面嚴重警告。震驚之餘，便大肆抨擊大陸蠻橫，指李克新的話只在嚇唬，十足傷了島民之心。但如永遠不理會分裂國土，更會傷了全國十三億多人民及數千萬華僑的心。我們認為從中外歷史觀之，「統一」幾乎鮮有不用武力的。而目前看台灣，「和平統一」百分之百不可能，劃紅線再多，維持一邊一國的現況會越久，是美日等國所想要的。因此和平統一必須運用毛澤東的「北京模式」大軍壓境，則島內人人為求生命財產安全，自皆願學傅作義了。（2017.12.13）

一國兩制雖好但基本法的配合應周密

香港回歸實施一國兩制，本屬最佳設計，尤其按基本法可以港人治港，其餘制度一切照舊。這是香港被英國獨斷管理後，獲得民主自由、港人治港的大好時機，可以自主發展，在安全方面，有強大祖國保護，又不徵收香港一毛錢，所賺者可全用在建設、美化和各項居民福利。這將使香港成為宜居之樂土，豈知外國見不得中國順利步上富強之路，乃鑽基本法漏洞，紛紛透過各種方式滲入半島，培養異議人士。近年來竟已打下反叛思想根基，並公然鬧起獨立，還與台獨串聯壯大聲勢，形成祖國全面發展的絆腳石，其病態有如「芒刺」。因此我們認為大陸既將各分裂勢力視為毒瘤，就必須儘早剷除。香港應嚴格執行基本法。而台灣統一後，基本法也要特別考慮周延，面面俱到。而駐軍首應考慮，嚴防外國勢力潛入，亦屬重要，總之以香港為鑑，訂出最理想的「台灣基本法」。否則定會成為比今日香港更令國家頭痛的地方。（2017.12.14）

川普著意組成「印太戰略」，蔡英文將設法加入

由於祖國大陸遏制台獨的紅線一道道劃下，台獨在憤怒之餘，表態想進入川普正與印度、日本等國所推動的「印太戰略」，以取代歐巴馬的「重返亞太」戰略，作為壓制中國的另一戰略。蔡英文認為大可與這組織一個鼻孔出氣，可謂志同道合，此組織既是遏制大陸，故台灣必能成最佳夥伴，對反中作出貢獻，主要借助「印太戰略」共同的力量打擊和壓制大陸，同時可得到這個組織的保護。又因島內多數人民恐懼戰爭，使生命財產不保，故亦極希望蔡英文設想成真。然而美日印等國忽略了一點，即台灣是中國從未分割出去的領土，神聖不容侵犯。且處理台灣問題是純內政問題，與和平崛起毫無關係，正如美國圍剿罪犯、槍殺暴徒般，他國無權干涉。因此搞台獨分裂國土應屬叛國行為，必會拖上數十年，終將拖出大問題而付出難以估算的代價。（2017.12.13）

南京大屠殺迄今日本人仍未脫獸性

日本由於地小而人民品質低下，致從我古代即不斷入侵沿海地區，燒殺擄掠無所不作，明朝戚繼光曾予以嚴厲打擊。清末國力日衰，日人乃大舉侵奪，甲午戰爭後，清廷割讓台灣並賠鉅款。即至二次世界大戰，日本謀劃三月亡華，傾全國之力，以大軍進攻我國，經我全民奮起抵抗，歷艱苦的十四年，終告勝利，唯已使三千五百餘萬無辜生命喪生，財產損失更難以計數。然在日軍暴行中最令人髮指的，是對我國民施以非人道的殘殺、姦淫、活埋、毒氣殺害等，更殘酷的是藥毒活體試驗，使我國人民落得禽獸不如。而尤駭人聽聞的是「集體屠殺」與創人類殘殺紀錄的「殺人比賽」，每人以一口氣能殺死百人為基數，如此無人性禽獸不如的無恥罪行，迄今八十年了。十二月十三日我舉國公祭哀禱，總書記習近平主祭。然而近年日本仍顯露八十年前的嘴臉，甚至掩滅獸行，毫不懺悔，足證日本獸性化已深種其文化之中，難以自清。我們不得不為這些畜牲哀嘆。（2017.12.15）

美國偽善的外衣在其霸道強橫時已脫得精光

天下本無事，但一向以美國利益為優先的川普總統，依然在四處點火，唯恐世界不亂，突然宣布了耶路撒冷是以色列首都，這種像喝醉酒似的單方任性決定，立刻引起各國的嚴厲批評，故在聯合國吃了極難看的敗仗，也使川普在耶路撒冷問題上的說法等於狗放屁。然而這件事在聯合國召開決議前，美國竟還不知羞恥的以大流氓姿態，警告若有投票反對美國承認耶路撒冷為以色列首都的國家，將被美國報復，諸如切斷援助；對投贊成美國橫行霸道的國家，也將由其記下，表示將得到美國的好處。然而多年來總行不義，不把各國放在眼裡的行徑，已成習慣。但在大是大非，或關係到各國切身利益與地區和平穩定，則「美國第一」只能暫擱一邊，即使美國張牙舞爪，露出一臉橫肉，耍起大流氓的粗暴勁，但在正義面前仍然慘敗，狠狠的給不講道理的佬美，一記當頭棒喝。（2017.12.29）

有富強的國家才有安樂的個人

凡經歷過戰亂，或深知現代史的人，應了解只有生活在強大的國家裡，個人始能安全生活，才可擁有事業。因此居住在寶島上的人，必須明白如無強大的大陸，台灣的現況絕不會如此安逸。單以目前與大陸對抗，不願做偉大堂堂正正的中國人而言，也無法不向美日等國低頭，不但沒有尊嚴，猶須低聲下氣，向其朝貢式地求得保護。這種喪失人格，在中國土地上不願做中國人的情形，是最不智的行為，也會被那些把台灣當作阻礙大陸崛起棋子的美日等國所看不起。我們真不知引領島民數典忘祖，不願「兩岸一家親」的原因與道理在哪裡。如今在國防報告中竟公然指對岸為敵人，對此說法，想必所有中國人皆無法同意和接受。平心而論，既然翻臉叛國，則大陸自當依法處理，也與什麼「思維」毫無關係，而是大是大非，國家正常發展，民族復興應走之路。（2017.12.31）

美國應學習吸收異於禽獸的中國高級文化

近日美國宣布國家戰略報告，把中國和俄國定為強權。強調中俄兩國是其競爭對手，指這兩國的價值觀、政治體制與國際行為模式不同於美國，雖已納入國際體系多年卻仍未被同化而感到失望。其實正好相反，歐美皆屬偽善、殘暴，講求達爾文式叢林野獸鬥爭的適者生存，極端自私自利，總是披著文明外衣，行不義殘忍之事。近代單以中國橫遭八國聯軍強銷毒品，以及美國侵華劣跡等事實來看，卻屬野蠻國家，只有向中華文化學習，始能遠離獸性，成為真君子的國家。怎麼可以要求讓那遠離禽獸的仁慈大國向低等文明「取經」？如今世界混亂不止，血腥殺戮不停，不僅把發達的科技用在屠殺同類，比禽獸都不如，還妄想能真正文明，強迫主張並推行互助互愛、仁義道德深厚的中國，回到畜牲般參與弱肉強食偽善陣營，這豈非荒唐。（2018.1.1）

中國大陸去年 GDP 達百分之六點九高於預期

對於中國的各項發展，特別是各國關於經濟方面的預測，從來就沒有準確過，不是問題很大必然難解，便是一些忌妒心極強國家的經濟學者和這類專家，總以其專業知識大肆唱衰中國經濟，尤有甚者，如美日等國竟設法對中國經濟發展進行遏制、搗蛋，平白無故地設置各種障礙等等。然而他們最終無不自相打臉，推測永遠失準，而中國經濟仍能突破層層艱難，每每超過自訂的目標。外界一定很納悶、奇怪，中國為何有如此能耐，答案很簡單，即因走在時代尖端的「政治專業制度」使然。由於當今世界只有中國治國理政是源自於中華文化精神孕育而出的仁道專業模式政治制度，故其發展是全面性莫之能禦的，它有任何行業的頂尖專業人士，對外界認為或製造出的各種問題，皆能及時有效的化解。四書有「知所先後則近道矣」，所以任何問題到該解決時，自會適時化解，並可自利利人惠及世界。去年全球 GDP 成長，中國貢獻最大，即為鐵證。（2018.1.2）

金正恩在把玩川普，「技高一層」

金正恩不滿美總統花大筆鈔票接二連三地大肆進行軍演，又積極布署薩德導彈，乃對川普「對著幹」，極盡口舌地挖苦挑釁，毫不把美霸看在眼裡，並嗆聲其核子洲際導彈可打到一萬三千公里，美國全境均在其打擊範圍內，並揚言核武發射的按鈕，時時刻刻放在他的辦公桌上，以威嚇美國。而川普亦很幼稚地回嗆，稱美國也有一顆核武按鈕在其辦公桌上，且比金正恩的更大更有力。聯合國也正通過對北韓實施嚴厲制裁，眼看金正恩已成困獸，美國即將動手，全世界都在緊張以待時，大家卻萬想不到金正恩突然開啟了南北韓熱線，向文在寅示好，並與南韓約定一月九日雙方在板門店對話，首談冬奧事宜等，瞬間化解了殘酷戰爭的情勢，氣氛異常平和。想不到這場箭拔弩張的僵局，就在金正恩拿起一通熱線電話，及時擋掉了如狼似虎的美霸大軍，使提心吊膽難於安眠的文在寅大喜過望，進一步談判已顯契機，川普算是白忙了一場。（2018.1.4）

早日公布兩岸統一時間表是免武統的關鍵

在兩岸冷對抗不斷升高之時，大陸國務院仍表示以和平統一為主軸，硬把國內高達百分之九十二點四五贊成武統台灣的民調壓下。不過由於蔡英文認定習近平是理性決策者，故現在動武必不在其選項中。然而她並未因此而對大陸釋出善意，反而有恃無恐地向獨立方向急奔，加緊其分裂的各項奠基工程，在文化、教育、防陸等措施上推動深耕獨立準備工作。在蔡英文心中似不相信不能獨立成功，以致積極往公投與法理方面前進。蔡政府深信大陸堅持和平統一的原則不會改變，便更放手加速往獨立目標躍進，造成踰越防獨紅線，武力統一將是無法避免的選擇。唯一防止這類兵戎相向的風險，只有儘快公布兩岸統一時間表，昭告「天下」中國統一是內政部分，是任何力量無法阻擋的，以排除各種外力的冒險行為，同時令台獨設想者死了這條心，如此和平統一必能達成。（2018.1.4）

大陸正以孫中山理想實現而統一台灣

多年來台灣曾一再提出「以三民主義統一中國」，尤其在蔣經國時代，自信可以向大陸推行三民主義，建設國家、抗拒列強、讓中國富強。然而數十年過去了，由於台灣施行多黨競爭的歐美式民主制，以外行選外行方式，選出了些自私自利、黨派與個人利益優先的人。對百行百業的民眾，只重在充分利用，給人民的利益是有條件的，必須合乎與滿足於該黨派利益。故在各黨派激烈競爭下，參與普選投票的大眾便不知不覺間被牽著鼻子走，除非不投票，凡投了票就成為黨派利用的工具，因努力工作在自己專業領域上，對政治是門外漢，哪裡能確知候選人是否最符合被選出任職，因此當選的各種公職人員，往往無能適任，吃虧的總是老百姓。不過如今大陸以政治專業行政，短短數十年已將中國臻於富強之地步，三民主義只能算其崛起的一部分。今日中國早就超過孫中山的建國藍圖，而台灣也已把三民主義束之高閣，忘得一乾二淨，現在到了超級三民主義統一台灣，正是給島民真正幸福的時候了。

（2018.1.6）

國、民兩黨皆對修訂「兩岸關係條例」有危險的共識

最近民進黨當局和泛藍聯盟，雖一致主張「公投法」，不涉及領土變更複決案，認為避免碰觸大陸當局對台政策的紅線與底線，否則大陸就會啟動「反分裂國家法」，運用非和平手段處理台灣問題。同時民進黨立委等也提出刪去憲法中有關「因應國家統一前需要」之文字，並將「兩岸關係條例」中之「大陸」名稱，修訂為「中國」。因此蔡政府表示仍奉行「維持現狀」主張，並無提出法理台獨訴求。不過把「統一」兩字去除，又將「大陸」改成「中國」，其實就是視對岸為外國，就是沒有「獨立」兩字的獨立，運用技巧，慢慢的成為實質的另一國家，亦即「兩國論」的實踐版。而台灣部分學者卻認可民進黨以上之主張，認為在兩岸關係上沒有衝突，然而上述改變企圖必然無法獲得大陸正面回應，甚至有對台造成危機情況，實值得研究。這應是閉著眼睛大暴衝，能騙人嗎。（2018.1.7）

以兩個中國論求避免武統之謬

近年來台灣發行量頗高的媒體──《聯合報》，在兩岸關係上的立場荒腔走板，從「大屋頂」論，到「變相兩國論」，以及將統一指為「併吞」等，這些思維其實皆屬自私自利的設想，與數典忘祖的台獨思想根本無異，總妄顧民族偉大的復興，只求自身苟延殘喘，什麼民族大義、屈辱歷史，一概忘得乾淨，是極無報格的言論。更無感於多年來台灣在抱美日大腿抗拒統一，極無尊嚴的生存，低聲下氣，甘願做洋人阻礙中華民族發展的棋子。試問這些既無是非又沒有前途，卻又企圖以歪曲的理想誤導輿論，並希望撼動大陸不要統一兩岸，阻撓民族全面發展、順利完成偉大圓滿的中國夢、讓兩岸中國人皆享有富強康樂的生活及受到世界尊重的希望，如此豈是今日台灣知識界應努力的正確方向，其誤導無知的分離思維應儘快導正，否則大陸武統定將是必然，只有「一家人」才是避免武統的唯一辦法。（2018.1.9）

習近平宣誓三年內使全國無貧戶

在中華民族幾千年歷史發展上，領導人首次決心消除整個國家絕對貧困人民，讓十三億七千多萬人民皆生活在幸福安樂中，習近平在今年開始，發下動員令，要求各級黨委、政府和所有幹部等，時刻把人民安危冷暖放在心上，以造福人民為最大政績，要想群眾之所想，急群眾之所急，讓人民生活更加美滿。這一宏偉承諾，堪稱空前，就連當今披著假民主外衣的歐美等所有國家，都無法和無心去做到這種真心誠意、實實在在為國民服務的政府。習近平作此亙古未有的偉大工作，應屬該黨建黨以來即潛心努力要為人民服務的具體實踐。按早期毛澤東領政時，便要求黨政官員等，要做到一切為人民著想，衷心為人民服務。也就是要做到人民至上的地步。而中國自古就有民貴君輕的文化傳統，帝王時期即如此，也是西洋各國沒有的文化特徵。目前在政府帶領全民奮發努力發展下獲得驚人成就，以致習近平乃有把握以三年時間，消除所有貧困人民，皆過上好日子。（2018.1.8）

揭露美國知識界之卑鄙小人面貌

台灣中天娛樂台的「夜問打權」節目，九日揭露美國政客、學者、作家、媒體等，接受台灣「對外關係學會」的金錢賄賂，專門為台獨「進言」，拿各種似是而非的理由，干涉中國內政。這批無恥的美國知識份子，都是見錢眼開，極不道德、沒有正義感的小人，也是自由民主政治中的敗類無品格的一群人，可說丟盡了美國人的臉。這些知識垃圾，視給錢者就是正義。可以昧著良心辦事。台灣分離團體多年來不知在他們身上花了多少納稅人的錢，只為指使他們「拱台獨」，透過媒體、著述、國會、智庫等，為台獨發言，哪怕沒有理由，也要「無理取鬧」一番，以示為賄款負責。因此我們常在台獨活動中，或公開發言上看見他們積極配合，甚至對大陸遏獨措施加以指責，不但公然干涉中國內政，更設法破壞兩岸和平穩定，絕不希望統一斷了他們的財路的情形。（2018.1.10）

從《蔣經國秘書報告》展露出蔣經國在兩岸問題上的錯誤

擔任過蔣經國秘書十四年的宋楚瑜，在其新書《蔣經國秘書報告》中，大力推崇蔣經國經營台灣的諸多貢獻，然而由此書卻看出蔣經國未能在民族的大是大非上，做出正確的抉擇，而降低其政治智慧與歷史定位。他在小島上做得再好，仍只算是「有所作為的阿斗」罷了。不錯，蔣經國在領導台灣時，是大家有目共睹，無論政、經，都經營最好，且有亮麗的「十大建設」，堪稱台灣發展最好時期。但他在兩岸關係、國家統一上，卻顯弱智，尤其不該盲目指示島內秘密研製核子武，而枉顧了自己同胞生命財產，更不把島上居民安危放在眼裡，企圖以蕞爾小島製造核彈與遼闊的大陸擁核政權鬥爭，應屬不知死活。且在兩岸大局上近視、短視，對國際形勢無知，違背歷史法則，錯失其歷史定位的偉大人格及對民族負責的良機，終致蓋棺論定，並留下兩岸糾纏不休、禍及人民，並成為反中洋人阻礙中國發展的最大分裂勢力，可謂後患無窮。

（2018.1.14）

大陸欲由兩岸論壇促進一中思維只能白費心機

近見媒體報導，大陸對台工作採取了更精準方式，也就是對到大陸求學的台生，會歷用假期時招待他們到各地參觀交流，以增加對大陸了解，這已是數十年來便推行的補助情形，但實際上，他們心底視大陸為另一國家的根深想法卻少有改變。此可從他們學成返台後的言行表現仍視大陸為外國獲得答案。故指望其有助統一，應屬微乎其微。又如北京開了些兩岸論壇，更是不切實際。因為邀請的學者專家，皆屬既得利益者，沒一個是重視民族大義、真心主張統一的，即使他們在論壇中違心地附和大陸智庫學者指出統一對民族復興多麼重要，但回到台灣後，從他們發表的文章中，卻找不到任何有關大陸期望的統一論述，反而除了反對大陸民間的武統聲浪，還一再強調要和台獨黨一致的維持現狀，亦即兩岸分治實質的一邊一國，對他們最有利。所以大陸把金錢和時間浪費在這方面，其成效難見。（2018.1.17）

蹣跚的統一面對積極的分裂是兩岸現況

大陸在國家統一上，雖然習近平曾表示不能一代一代地拖延下去。但大陸政府和其智庫等所表現的，卻是緩慢不急，以兩個一百年作嚴格說明，也許兩岸真得要由下一代兩岸領導人去談判處理了。尤其大陸學者與台灣學者們數十年交流，已產生深厚交情，得到的共識仍希望深化交流、擴大交流，認為如此交流下去，總有兩岸走到一起的時候，統一必能水到渠成，雙方不必操之過急。然在另一方面的台灣獨黨自執政起，便迅速在穩住大陸後，於分裂工作上一日千里的努力著，從文化、歷史、民俗，以及所有媒體宣傳等全面性去中國化，對一貫制中支持台灣分離勢力的美國，也加大公關，主動爭取支持與保護，使能配合島內公投實現法理獨立的最終目的。目前令台獨黨欣喜若狂的是，「台灣旅行法」終於在眾院高票通過，確為其努力的初步成果之一。相比之下，統一的慢郎中，追不上台獨的急驚風，看樣子統一可能要等到台灣宣布獨立之後再說了。否則等下一代也不遲。（2018.1.7）

中國大陸民間仍有一些莫名其妙盲目崇洋的人

令人詬病的大陸聖誕夜狂歡，本來無可厚非，多半是年輕人藉以放鬆、社交、乘機歡樂的日子。然而卻被有心人士利用作不良運用，諸如聖誕夜流行的「嘻哈歌」竟以侮辱婦女、教唆吸毒、生活散懶、墮落等為鼓吹基調。而單以上海為例，部分家庭對中國具歷史性的好節日並不太重視，反而對上述的聖誕節和美國重視的「南瓜節」大加青睞，只見這日許多大陸知識家庭的女主人打扮得極為洋化，帶著子女一同出門，提著南瓜燈挨戶賀節，並獲贈糖果，過程就與在美國無異。目睹此情，令人感嘆他們的幼稚無知，讀書不知讀到哪去了，膚淺得可憐。我不知道為何中華優良文化、燦爛輝煌的歷史，及近代國家對過去遭受列強欺凌慘痛的情境，似乎一切無感，忘得一乾二淨，反而崇洋媚外得如此肉麻，甚至是對幼小子女有極不正常的示範和戕害。我們希望政府重視，防止出現頭腦不清的盲目媚外的家長，引導她們重視我國那麼具正向意義的民俗節日。（2018.1.17）

王炳忠呼籲大陸不可坐等統一

自數十年兩岸交流迄今，為何在統一上越走越遠，甚至到了不武統，寶島便將不屬中國的地步。何以致此？眾所周知，武統本就是台灣善良百姓所不願見的，就連習近平也一直認為和平統一才是主旋律，不到萬不得已，絕不輕啟武統，只在宣傳上曾警告過要收回從未分割出去的台灣主權，是其國內事務，是內政問題，各國無權插手。然實際上兩岸總停留在「打嘴砲」階段，尤其大陸涉台人士幾乎全面在兩岸問題上表示鄉愿、保守的態度，對台灣實情欠缺真正深入了解。否則不會數十年不但無進展，反而還讓台獨勢力布滿全島，並與反中大國美日印掛鈎，壯大抗中脫中力量，以便於台灣脫中獨立時得到支持。新黨發言人王炳忠似看出大陸涉台人士等，對統一促進太過停滯而落入被動，易造成最後除武統外，無法期待和平解決的機會，使兩岸在強烈對抗下不得不發生流血結局。自是大陸涉台人士「坐待統一」所造成。（2018.1.17）

台灣當今面臨武統的最大危機中

大陸改革開放已四十年了，海峽兩岸和樂交流曾一度使大陸當局誤以為「和平統一」將要水到渠成，尤其是在兩岸來往最熱絡的馬英九時期更有了穩操勝算的把握了。無奈事與願違，只怪大陸涉台官員與智庫學者等，對台灣政情、民心所知太過浮面，缺乏深入了解，且判斷總囿於一廂情願，致反應出盲目樂觀。直到太陽花曝露強烈反中，馬英九大量向美國訂購先進武器準備抗統，並放縱台獨勢力多方發展，以致台獨快速成長而穩取政權。儘管大陸仍慢條斯理地等待蔡英文「回心轉意」走和平統一之際，台獨黨已在加快分離的腳步，與美國抱團獲眾院通過友台護台的「台灣旅行法」，民進黨又擬公投以「台灣」名義參加下屆奧運，同時該黨為了抗中、反中要正面抗統，有黨員主張用飛彈攻打三峽大壩，以及上海、北京等重要都市，作為報復大陸強硬促統的代價。由於以上情況已使大陸意識到和平統一確實渺茫，故武統的準備也搬上檯面，不再磋跎，認為晚統不如早統，故台灣多數人認為不可能武統，可能也是一廂情願的自我想像。（2018.1.17）

中國共產黨能有今天的發展是因思想一致、不斷進取

從中國共產黨建黨，即不停自我檢討多方面改正，到毛澤東領政，憑其豐富的學識及高超的智慧，面對層層險阻，終能化解，直至建立新中國，結束了百年來中華民族飽受列強欺凌蹂躪的悲慘境況。在此基礎上經過一棒接一棒的精英領導，思想一貫，對於現況不時地檢討改進，以致能依時因勢創造出有利國家快速進步的環境與能力，乃有今天的驚人成就，和未來更光輝的遠景。談到中國共產黨罕見的治國理政之一貫性，在於重視與銘記各時期領導的施政精華，使能繼續延續下去。如今日領導不忘毛澤東思想、鄧小平主張、江澤民三個代表（生產力提升、文化傳承、謀全民福利）、胡錦濤的依法治國以人為本，及有助於兩岸統一的反分裂國家法之制定等。而習近平更倡議陸、海絲路貫全球，打造經濟強國，儘速使全民臻於小康，消滅所有貧窮，同時立法防腐、科技創新、強軍以鞏固國防，尤重在兩岸統一，嚇阻分裂勢力之用。如此銜接又創新，正是當今傲視世界成功的主因。（2018.1.18）

劉國深的談話令人懷疑
被台獨收買

近日蔡英文政府多方努力地去中、反中，甚至在加強武力抗中，正面指大陸為敵人，兩岸情勢一度空前緊張，雙方似已瀕臨敵對狀態，然而廈門大學兩岸協創中心主任兼特聘教授劉國深卻極失立場的大發謬論，指出「大陸總體上認為蔡英文沒有正面表述兩岸性質，卻未全面否定蔡當局在兩岸某些善意，言下之意，似乎十分體諒蔡英文之反中、實質抗中，以及正在散布仇中的情緒。對於蔡政府這種追求早日完成獨立的目標等一切分裂的行為，劉國深均未看見，亦不把近來美國國會初步通過的「台灣旅行法」加以批判，似有放縱台獨之嫌。面對蔡英文的「老謀深算」，堅持多管齊下必欲獨立建國成功的種種堪稱「司馬昭之心路人皆知」，劉國深竟仍表示：「大陸未否定蔡的善意」。難道要等到蔡英文主持獨立成功大會時，劉國深才不得不怨蔡英文走分裂原來是真的。這種瞪著眼替台獨緩頰，真令人不解。我注意到劉國深過去公開發表的言論確有可疑之處，國台辦實應加以注意了解是否廈大來台交換生也多崇洋者。（2018.1.18）

美國已從偽善到猙獰的大惡國家

一九六〇年左右，台灣電影院經常上映美國西部拓荒影片。由於這些片子總離不開弱肉強食，及英雄救美，或槍戰鬥狠、殘暴兇惡的情節，往往滅絕人性。當時學校老師與同學談起這類影片，則指出美國早期移民，多由英國逃去的罪犯，是亡命之徒，常恃強凌弱地對待為生活遷去的善良人民，霸占與搶奪其財產，燒殺姦淫，無惡不作，甚至勾結官員蹂躪鄉閭。等到國家穩定，政治經濟軍事等漸入正軌時，便迫不急待地如狼似虎，向外尋找獵物展開弱肉強食、巧取豪奪。尤其對清末衰弱的中國，在鴉片戰爭中的諸惡國家，以美國最偽善。唯自「六四事件」爆發，中國幾乎亡黨亡國，始令部分被美國迷惑的朝野人士看穿其陰毒詭詐面。而如今改革開放數十年，且奉行和平互利互助對世界友善。然禽獸般不懂情義的美國，卻忍不住乾脆公然，公布國防戰略，竟莫須有硬指中國為「破壞性力量」，其實美國正合此頭銜而不自知。正是自蛻偽善露出畜牲本性無異。（2018.1.21）

我對企業私有化的體驗

最近大陸有經濟學者鼓吹私有化，掀動路線之爭。然以筆者數十年生活體驗認為，私有企業再大，但只要經營出現問題，絕對到頭來只顧自身利益，而不管其員工及對社會所造成的任何傷害。筆者在台灣看多了私營大企業牆倒萬人推，以及私有企業自私自利，一旦有事（經營不善虧損、違法等），造成無法經營或破產時，它就會「一走了之」，就連賴以發展的忠誠老員工等均無情的不予理會。這情形大家記憶猶新的蔡長洲國泰塑膠之倒閉，和另一私有大化纖工廠華隆倒閉後不管善後，老闆與公司主要人等作鳥獸散，涉及不法者能逃就逃，誰還把企業責任、社會觀感放在心上，自然受害的除其員工外，便是支持該企業的股民大眾，真是呼天無用。阿扁主政時大張旗鼓公改民營，放利企業使政府和人民失去經濟保障，私企常弊病不斷，難於控管，致品質問題常見，食安問題不斷。今見大陸有學者主張私有化，則「人不自私，天誅地滅」，私企多了必百病叢生，給政府添亂，對人民有害。

（2018.1.21）

死背古文不求甚解已是私塾時代之事

近日有島內學者針對大陸中小學生必須背誦古文一事，未深入了解便妄加評斷，認為不求甚解，還瞎扯大陸老師逼學生死記，尤有甚者以體罰、打手心威脅背誦等情。殊不知島內的這位教師的認知有誤，其實大陸重視人性化教育，早就沒有打罵了，且背誦已成學生視為娛樂，解釋古文當作有趣的故事，平日家居輒以背古文娛樂親友和父母，並考驗親友是否能解釋文意。按今日大陸小學一至三年級已能背誦多篇古文及唐詩近九十首，均了解詩文之意。筆者住上海的小孫女，小學二年級便常以唐詩和其作者考我，古文除四書選篇，還有《左傳》、《韓非子》、《莊子》、《戰國策》等。皆能背誦亦能解釋。孩子把背誦當娛樂毫無痛苦感，難怪大陸上海的教學被國際教育評比為全球第一。又見報導英國禮聘上海教師百人，到倫敦作教學示範。凡此種種，豈是夜郎自大又坐井觀天的島內教師做夢也想不到，更難以相信的。這種高水準的教育，竟是崛起得如此驚人了。（2018.1.21）

台學者認為飛彈可毀三峽大壩，大陸的反應卻有檢討必要

近來由於台灣執政黨積極布署反中，從島內為獨立奠基，又從外部拉住美日印等衷心反華制華等國家，支持台灣儘快走向獨立。因此在防統方面亦多方準備，預期在不得不踩踏大陸「反分裂國家法」時，對抗武統的措施。為此淡江大學整合科技中心執行長蘇紫雲認為一二飛彈足可炸毀三峽大壩。而大陸專家斥台沒那本事。兩相比較其反應與言論皆有問題。首先炸大壩最少淹死五、六百萬無辜百姓，而「沒那本事」，難道有本事就可去炸嗎？而台灣學者以為炸毀大壩就一切勝利獨立成功，忘了小島經不起反擊報復，必然隨大壩共亡。因此兩岸問題在理智思考冷靜面對，要為兩岸生靈前途、尊嚴，以及中華民族永續發展著想，拋開私利，和浮躁短視，不重歷史，衝動的只想自相殘殺，落入仇中者快，骨肉同胞則痛的可悲場景。故此等反應，兩岸學者專家均應自責檢討。故炸大壩非是否有能力的問題，而是不該有此想法才對。（2018.1.21）

大陸交換生趨炎附勢於大讚繁體字之失格

近見大陸來台的交換生劉筱樺的文章，大讚台灣使用繁體字之驚艷感，並說他在台灣很快便學會了繁體字，並認為繁體字很多字藏了文化在其中，如字像一幅山水畫、一幅民俗風景寫真、一個娓娓道來的故事、一個神秘莫測的傳說等等。又感嘆如今大陸沒有繁體字了，所幸台灣還有，這個燈，請為我們一直點燃吧！而對簡體字則以攻擊嘲笑，反對的台生眾口撻伐的例證，加以一概抹殺，殊不知簡體字中有許多來自中國的古字，凡鑽研書法藝術者無不知道，並常於草書中出現。至於簡體字中少數「離譜」者已為大家討論，指為失當。但翻開大陸一九五三年大量出版的《新華字典》，由商務印書館編印，現已印十三版，供小學一至三年級使用，卻是每一簡體字旁，必有括號放一繁體字對照，故凡想順便知道繁體的學童，照樣會認繁體字，我住上海的小孫女不但會認繁體字，也能寫繁體字。因此大陸來台的交換生所言，似有故意溢美之嫌。

（2018.1.21）

中國在多國扯後腿狀況下快速崛起

中國改革開放四十年了。回顧這些年來，上下一心奮發努力，目標一致，就是追求富強而兼善天下。然而這種崛起並非容易，首先要有足夠的各類人才，還要能披荊斬棘、百折不回的毅力與勇氣。這一路走來堪稱驚濤駭浪，對內要統一思想安排好快速發展的環境，培養並引進各方面需要的人才，而最困難的是，對內防腐、防漢奸賣國賊、分裂份子搗亂，對外面向以美日為首忌妒心強，不願在經貿等方面公平競爭，無端聯手廣設障礙，打壓糾纏永無休止，如今更把與中國有領土爭議的印度拉入圍堵行列。美國近來更變本加厲，要以「國防授權法」、「台灣旅行法」大張旗鼓為台獨護航，期能配合島內「公投法」等一舉脫離宣布獨立。給崇尚和平，迅速崛起的大陸製造一個比一個重大複雜的大麻煩和越發棘手的問題。

（2018.1.22）

大陸對台工作應實事求是徹底檢討

改革開放多年兩岸交流熱絡，台商在大陸經營發展者超過百萬，國台辦亦努力於兩岸水乳交融工作。日前資格最老的國台辦官員孫亞夫，在大陸對台工作會議召開前夕，為文「和統」方針是符合兩岸人民利益的。這指針自然是最理想的統一結局。孫亞夫文章指出，三十年來曾克服重重困難，如李登輝製造兩國論、陳水扁謀求法理台獨，均未得逞。而國共兩黨領導人，進行歷史會談等。並鞏固國際社會承認一個中國的局面。唯這情形已使統一耽誤了寶貴的三十年，如今國際情勢急變正是島內趨獨契機，致大陸不得不因勢對台行和統與武統兩手準備。我們認這是兩岸長期交流促統失敗的證明。至於未來統一方式自然以和統最理想，但和戰不操在大陸，而握在蔡政府手上。也就是誓死反中，或願為民族復興的歷史負責。故於歷史定位上，會出現兩種不同情況，即名垂青史或遺臭萬年。自然堅決反中倡導獨立成鐵板一塊時，則武統便自招來。叛國罪難逃。（2018.1.24）

蔡英文似自知她難以克制的踩踏武統紅線

蔡英文自擔任台灣領導人後，除「追殺」在野大黨國民黨外，便把全部施政重點放在「去中國化」、「反中」、「趨獨」等工作上，對大陸則用口頭善意和強調「維持現狀」作為掩蓋與緩衝。然一年多來蔡英文的所作所為，大陸看得一清二楚。故自十九大後大陸對台方針也有了變化，雖高唱和平統一，但是已無所顧忌的全方位圍堵打壓，用行動遏制台獨，再加多軍機、艦繞台，並組訓登陸作戰等必要準備。唯大陸總書記堅決表示兩岸和平統一為大政方針。至於為何迅速作武統的完勝準備，其實是看蔡政府的動向。而蔡英文近日接受媒體訪問時，首次改口謂不排除中國動武。也就證明她心裡有數，不僅不會承認「一個中國原則」、「九二共識」、「兩岸同屬一國」，對於「去中」、「反中」不但繼續，同時在該黨獨立夢實現理想推動下，勢必非踩大陸紅線不可，屆時必逼得大陸非要放棄和平便會動正，而台灣三軍正提高警覺，奉命必要時將針對犯台者以抗拒打擊，這是今後蔡政府施政重點。

（2018.1.25）

蔡英文似意識到大陸武統在迫近

日前蔡英文在接受媒體專訪時，「套招」式的由記者發問：「大陸是否可能攻打台灣？」蔡英文首次表示：「沒有人能排除這個可能性。」此話透露出「作賊心虛」的「馬腳」，由於她自就任島內領導以來，全面性去中國化及反中，甚至修法仇中，把大陸稱為「敵國」等，與大陸「對著幹」。自然在大陸眼裡，蔡政府已走上台獨的不歸路，和平統一理想渺茫。因此開始積極布署武統相關措施，儘管表面對台仍「虛與委蛇」續釋善意強調和平，但武統的急迫正加緊形成主流目標。自然蔡英文亦深感危機將至，乃有面對媒體時直接向大陸領導人放話，企圖「反制」，先以「理性」提醒大陸領導人在作決策時要顧慮後遺症和「成本」，又強調兩岸已是國際問題等。天真的欲以四兩撥千斤，阻大陸武統。而其在此安排好具針對性喊話式媒體問答時，絕口不稱對岸是「大陸」，而直指為「中國」，意謂那只是另一個國家。因此蔡英文化解武統的「巧思」適得其反。（2018.1.23）

蔡英文「台灣的價值」原來就是「台獨」的定義

蔡英文在接受電視訪問時，對「中國」當局與柯文哲均強調要知「台灣的價值」。卻似故弄玄虛，打啞謎，心裡想什麼不直說。遇到一向直話直說的柯文哲，馬上回應很想知是什麼？按一般所謂的價值，指的是物品的代價。一種事物對人生的意義，或功用的程度。如使用價值和交換價值等。空氣、太陽、熱，是使用價值，生活必需品是交換價值。而蔡英文心中的「台灣價值」到底為何？既然柯文哲稱不了解，民進黨立委邱志偉告訴柯文哲，他認為蔡英文所提「台灣價值」文字有些抽象，主要是強調「台灣的主體性不能有任何動搖」，更解釋此是理念問題必須確認堅持，然而「台灣價值」在大陸來說，它是中國神聖領土不可分的部分，是國家大門，其重要位置是無可替代的，為了完滿達成「中國夢」收回台灣是不可或缺的重要部分，其價值是難以估計的。然而蔡英文的「台灣的價值」，卻是帝國主義工具，依外國勢力獨立的價值，自私自立閉門盡情享受的價值。（2018.1.24）

蔡政府對大陸政府完全陌生得令人驚訝

在兩岸鬥爭「螺旋式上升」情形下，大陸對台「文鬥」已公然開啟。明顯的作法是：經濟窮台、外交困台、軍機艦繞台、往來便台、經商惠台、人才吸台等。作法積極，可謂招招落實，抓緊時間不再跟台灣政府打嘴炮。然而從最近蔡政府對大陸「反制」的幾樁事上，表露出她對大陸政權太不了解。首先由於國台辦自蔡政府主政，一直拒認「九二共識」致一切交往停擺，且遏獨促統力道加強。對此情況蔡英文竟期待國台辦換屆，豈非無知。殊不知大陸政治之優越性，即在於大政方針訂定後，必一貫執行不受換屆影響。如鄧小平之「維穩」、「一國兩制」等，經江澤民、胡錦濤、至習近平均一貫遵行不會改變。其次鄧小平定調的對台「和平統一」至今未變，除非台灣踩到分裂的紅線，否則不會「武統」。這與蔡英文思路不同。又欲以「成本」嚇隱武統，應是笑話而已，因阻止台灣獨立收回台灣是不計代價的。蔡英文對民族大義、國土問題等，與大陸所想的天差地別。（2018.1.25）

大陸應了解和平統一唯一可行者為何？

自大陸改革開放迄今數十年，兩岸交流不斷，大陸對台之工作可說是挖空心思、絞盡腦汁，而台灣不但不願統一，且越來越不願統一，即使在兩岸交流最熱絡的馬政府時期，仍避談統一，甚至絕口不談政治。台灣其實要的就是維持現狀，為何島內任何政黨和政治人物永遠要維持現狀而強烈反對一國兩制？大陸領導人和其涉台官員可能難以了解的是，一國兩制再好，大陸甚至全面惠台，或讓台灣經濟大發展，人人生活富足，但想以此達到統一仍屬幻夢，想法也不太實際。因而兩岸無法政治和解，原來問題關鍵只在「一國兩制」統一再好；再對台優惠，但如無法使台灣地位仍屬「中央」，而把總統下降為省長或特首，則任何最好的條件，台灣是不會接受的，故和平統一的唯一可行方法是習近平讓位給台灣人做，則一國一制都會立即接受，否則把台灣的「中央」，想用惠台各種方法變為「地方」，是打死皆不願接受的。此點大陸到今天均弄不清楚的，國台辦真太失職。

對不願做中國人的香港人的處理之我見

香港自回歸祖國，解除了自鴉片戰爭以來，長期遭受列強欺凌擺布的枷鎖，獲得「一國兩制、港人治港」的榮耀與民主自由，均成泱泱大國值得驕傲的國民，不再向洋人低聲下氣，一切得聽洋人說了算，領導必須是英國人，行政均要聽英國的。英國每年要從香港拿去相當多的港幣。而視香港為其占據的「金雞母」。回歸以後，除遇任何困難由祖國全力協助解決支援外，安全有解放軍保護，港內賺再多錢，中央政府不取分文，悉數用於港內建設人民福利，是外人十分羨慕的好地方。不料港內部分人奴性難改，甚至盲目反中，人在福中不知福，尤其受外力蠱惑，處處與港府作對，更不願學普通話自甘縮小視野，甚至不願做中國人。我們認為可將這類人集中教導，並讓其了解近代列強侵華史。如仍有不願做中國人者，即註銷其國籍。否則養一些搗蛋鬼，社會毒瘤，將起到鍋裡老鼠屎的後果。（2018.1.26）

美國政治人物多有
睜眼說瞎話而不知羞恥者

最近世界經濟論壇在瑞士達沃斯舉行，美國商務部長羅斯，竟把世人皆知美國自川普上台，即以美國優先的貿易保護主義，公然厚顏無恥的扣向中國。妄顧中國嚴格遵行的是世界貿易組織規則的多邊自由貿易。而中國最反對的是美國朝向自私自利的貿易保護主義，違反世貿組織規則，實施有我無人（他國）的單邊主義，而受到各國詬病譴責。然而萬想不到面對國際卻大言不慚，很不要臉的反將其國策作法硬指是中國而非證據確鑿的美國。如此指鹿為馬，明明自己國家剛宣稱要走單邊的保護主義，達到「美國第一」目標。照美國商務部長瘋狗式的談話，就像做賊的指被偷受害的是小偷，行竊的反大喊受害，同樣荒唐可笑。我們感嘆立國僅兩百年來的美國，巔峰之後，迅速下滑，墮落之快，令人瞠目。中國自古「君無戲言」大臣亦如是。而今美國領袖及其高官信口雌黃，誠信蕩然，失去世人尊重與信任，是大衰敗的開始吧。（2018.1.28）

大陸改革開放迅速崛起，突破各類打擊與糾纏

自鄧小平主導改革開放，走大路開大門、勇往直前堅持和平崛起，經過江澤民、胡錦濤、到習近平，一貫進行改革再改革，無論內外，乃有飛躍式大進步，造就了驚人的現代化大國，讓十幾億國民生活在很便利及發達的科技奇幻似的環境裡，充溢的財富，增長的經濟已極大的貢獻世界，其政治、經濟、科技、教育、建設、體育、娛樂休閒等，以及軍事、方方面面的進步直追美國，甚至在公共大型建設、部分科技和最重要的「大腦」——政治制度也已遠超過陳舊落伍、百病叢生的美式「假民主」。然而美國不自救改進，卻總以邪惡妒忌的狗眼盯住中國，虛偽的對待堂堂屹立正當發展的中國。然美國只用小人之心度中國君子之腹。根據近來美國媒體所宣揚的中國，如：無高速公路（事實有世界最長的十幾萬公里）、沒汽車（實際是美國一倍多），沒有冰箱（世上冰箱近九成是中國造的）等很令人哭笑不得又近乎愚蠢的造謠，這種顛倒是非，讓人看清美國的嘴臉，既無法壓倒中國，即惡意造謠以解恨。（2018.1.28）

信仰與愛國絕不衝突

最近梵蒂岡與中國大陸破除狹隘的教義，宗教也可為國家服務了。這是天主教順應時代演進之「改革開放」，普惠世人不分國家地區，均以仁心對待，勸善超越一切的智慧，對大陸數千萬信眾，將感到無比溫暖。由於天主教自新任教宗能順應時代，以實事求是落實大愛、真愛，乃與大陸走出過去頑固類似宗教不該有的霸道作為，完全用仁慈大愛布施理念，善對任何不同政治制度的人民。故在主教任命上邁出宗教家靈活傳愛的慈悲與大智。我們向梵蒂岡教宗按讚，並預祝梵蒂岡和大陸建立正常關係，讓世人知道各國人民信仰和愛國並行不悖，這才是往聖救世的最大心願，凡是宗教家都應屬具此胸懷。回憶過去台灣天主教彌撒儀式中「消滅共匪」、「反攻大陸」等等殺氣騰騰的口號，今日思之亦頗失當。宗教大愛是鋪天蓋地無任何條件的真愛。（2018.1.29）

大陸破獲造謠部隊，台灣造謠不遑多讓

大陸二〇一五年五月曾捕捉到一批專事造謠的團夥，絕之於法。大陸無中生有造謠的，其對象五花八門，會針對他們不高興的任何個人或團體進行詆毀，然造成社會的擾亂則是事實。某一個具組織，有針對性，以解放軍為目標指其有「驚天黑幕」、「高層內鬥」、「軍中黑社會保護傘」等，專門抹黑軍方之團夥，亦被查出並嚴懲。此次共抓獲十人，造謠在破壞軍人形象、擾亂軍心、破壞軍民感情、降低軍隊戰力等等。而在台灣除藉部分缺失大肆加油添醋外，更把造謠擴及大陸，因對大陸造謠是安全又難否認，於是對大陸的各種謠言滿天飛，自然清一色是負面的，如大陸人吃不起茶葉蛋、廁所仍屬「毛坑」要開門散臭氣等等，而最多的是政治內鬥，只要是有關換屆、各級官員升遷或退休均指為鬥爭。而最離譜的一則謠言並在島內應為流傳的，是習近平曾在上任之初曾遭兩輛大車前後猛撞夾殺他座車，致左手輕傷云云。然凡會駕車者均認為絕不可能，因真如此，不但重傷且難逃出，甚至起火，不可能僅輕傷。（2018.1.29）

認為自己是中國人的島民增多但與統一無關

在島內，凡談兩岸統一，則絕大多數人民表示不願意，總認為維持現狀最好。也就是一邊一國保持下去。又由於生活與發展，要賺大陸的錢，而必須居住大陸，如百萬台商長期在大陸做生意，但數十年下來，沒聽說哪個台商站出來喊民族大義全面崛起或是兩岸應儘早統一的。這情形已為大陸看得一清二楚，決定今後為求國家統一，不考慮島內任何反應，以「操之在我」方式，進行鋪天蓋地的強力反獨促統，不再牽就台灣的拖拉和有任何感受，要以大陸的設想積極往實現統一方向走。此外，大陸要以龐大實力壓縮蔡政府緊抱洋人大腿企圖永遠成一邊一國現狀，逼著台灣在大陸設想的框架下，不得不拋開台獨思維和頑強抗統路線，要島民認識並感受到統一是無法抗拒，更不能照自己和洋人想法使兩岸難以統一。因為大陸已制定用「自己的方法強力反獨促統」，台灣的未來，恐只剩大陸意志，而不再考慮台灣的感受，甚至仍重視反中者的感情。果能如此，則和平統一始有希望。（2018.1.30）

悲情應是團結統一的最大力量

多年來在兩岸統一問題上，凡台灣表示「緩解」，意即現在談統一不是時候，特別是國民黨，在馬政府執政八年，卻絕口不談「只要身為中國人，沒有不希望早日統一，更加快國家崛起強大的步伐，甩開美帝無休止的搗亂糾纏的」。然而每當台灣表示統一還不是時候，還未準備好等拖詞時（這類搪塞之詞），馬當政猾頭使用最多。而大陸對此則代為解釋是悲情纏繞，長期被日人統治造成，必須體諒其療傷，自治自主後再談兩岸政治問題以及統一之事。總之「悲情牌」很好用，是抵擋大陸促統的擋箭牌。但是要比悲情，大陸自八國聯軍鴉片戰爭，美國等侵華，日本強占，可說百餘年來遭外國任意入侵，燒殺擄掠，無惡不作，死傷以千萬計，要談悲情，大陸才算悲情。因此大陸學者常以悲情之裡由為台灣不願談政治而涉及統一作解套，這也是美帝樂見的。其實悲情既是兩岸中國人共同悲慘的遭遇，就該團結一致建設強大的祖國，抵禦外侮，才是正確努力的目的。（2018.1.31）

中亞「精英」恐中的弔詭

據媒體報導，中國大陸推行的雙贏計畫「一帶一路」，使相關國家都雨露均沾，彼此通商往來便捷，這種可以共同發展大家致富的良策良機極為難能可貴，又如何會發生恐懼之有？據報導指出，美國等智庫與中亞各國菁英，皆顯有恐中情形，認為北京當局的戰略規劃，已經不僅從軍事角度看「縱合國力」，更把它和軍事、全球政治相連接，因此將對南高加索地區的安全產生潛移默化的影響等等，美俄在此地區的競爭又有新的對手插入。這樣一來，將影響美國和俄國已「霸占」的地盤中的勢力。波蘭媒體更指中國打破南高加索地緣政治藩籬。然而以美國為首的智庫菁英人士的議論，明顯看出這些所謂「菁英」，卻是戴著有色眼鏡看中國，以小人之心度君子之腹，對中國文化與現行制度，努力的偉大初心完全扭曲不了解，難道這些垃圾般的文化人，能算菁英嗎？按稱得菁英者，必學識豐富頭腦冷靜，看問題深入，胸懷廣闊，論斷公正無私者，才當之無愧。（2018.2.4）

美國助人卻有陰謀

美國貿易代表署日前在一份文件中，直接指出當年美國支持中國大陸加入 WTO 是錯誤決定。原來不打自招，說出要把中國大陸納入國際貿易組織，想藉以困住大陸，進而影響其政治制度，使逐漸接受、演變為美式民主的國家。換句話說，就是想透過經濟手段使大陸「和平轉變」，藉此瓦解「中國特色社會主義」，進而採行美式民主的選舉制。假如此設想成功，則大陸必亂，自然發展受阻，政局紛擾動盪，甚至分裂等，都是美國所最樂見的。然而令美國人大失所望的是，中國大陸做生意頭腦靈活，在世貿組織裡翻雲覆雨如魚得水，美國更制約不住，於是在大陸反以世貿組織保護傘下，不受美國設計，而美國和平演變企圖不但無法得逞，竟因經濟發展快速，使各國發現其體制優越性，並深入了解是另類形式的民主。因此美國害人不著，似惱羞成怒，乾脆明說出陰謀，同時污指大陸違友世貿規則等，擺明了要對付中國大陸云云。

（2018.2.2）

外界對今日中國應有的起碼了解

由於中國的奮起，一開始便走和平互利互助道路，和以往八國聯軍時代迥異，一旦富強崛起，一定展開「強食」欺凌弱小，甚至視弱國為禁臠，爭搶霸占，滅絕人性，古代如此，今日尤盛，以致地球上的人類仍生活在動盪、緊張、恐懼不安的狀況下。強者時刻盤算尋覓獵物，故亦日日摩拳擦掌，無法安寧。然而迅速崛起的中國在高深宏偉文化孕育出的「中國特色的社會主義」，其核心價值則與眾不同，簡言之，即：（一）富強民主文明。（二）和諧自由民主。（三）公正法治愛國。（四）敬業誠信友善。其建國偉人毛澤東自始便主張民主，強調任何國家如不講民主，終將被人民推翻，所以政治制度的基礎為「新民主」，不同於歐美式假民主。而中國特色社會主義，則奉行依法治國以人為本，採精英治國，專業政治人才理政，非盲目選舉，領導人必由政治專業中內行選內行產生。因此選出的公僕領袖，必然是善於治國理政的精英，其團隊均為政治專業人才。（2018.2.4）

「世界共同體」是中華文化偉大目標

中國領導人習近平最近倡議「世界共同體」，是高瞻遠矚，對千百年來人類鬥爭不息，如今已至二十一世紀，科技發展驚人，整個地球似越變越小，交通便捷，迅息傳遞快速，整個地球上的各國、地區，就如住在一棟大廈中的各個人家，應屬至親或芳鄰，怎能成天勾心鬥角，甚至互相殺戮，仍如走禽獸般弱肉強食，低等動物原始模式，是與科學進步發展背道而馳，極為諷刺的現象。習近平以不平凡大愛無私，推行中華古聖先賢超宗教格局的人生哲學，呼籲人類要像一家人，必須互愛互助，尤該扶助弱小，使各國人民皆能富足，生活愉快。中華文化最終期望便是世界大同。所謂獨樂樂不如眾樂樂，是走高等動物的境界，絕不可「美國第一」有我無他，自私自利，走衣冠禽獸，叢林格局，逆科學時代而行，是低等無知退化的表現。而中國領導人及時宏揚中華博大精深仁愛和平「地球一家親」，各國領導人應有領悟的水準，尤其美國川普要收起張牙舞爪的嘴臉。（2018.2.4）

美國是陰謀狡詐絕不公平競爭的國家

美國建國極短，而表現得急功近利，是不擇手段，巧取豪奪，獨吞猛搶。其對外競爭只求利己不管他人，尤其在經貿方面不願公平競爭。這情形特別體現在與中國大陸交往過程中。單就在拉美地區經貿而言，美國視之為後院地盤，其國務卿提勒森竟警告拉美五國，不要過度依賴中國的經濟關係，並污指中國為「新帝國主義」者。要小心中國到各國投資友好的幕後用心。美國把中國和平崛起利己利人，甚至扶助弱小、仁愛互助的中華文化推行，在經貿上採行彼此雙贏，宣稱是「侵略者正進入我們西半球」。強調中國在全球市場所做的事，在表面提供發展的誘人道路，實際是以短期利益，換取對中國的長期依賴。提勒森指鹿為馬地極盡挑撥離間不懷好意的警告，在拉美各與中國「共享經濟」的實質雙贏發展友好合作，每項合作商機，均屬百年長期共享利益，特別是基礎建設，樣樣是百年商機，經得起考驗的。鐵的事實，美國奸計難逞。

（2018.2.5）

花蓮震災不合民進黨政府利益者不得參與救人

二月六日夜，台灣花蓮地區發生六級以上強震，有幾棟大樓傾倒，迄九日仍有未救出者。本來萬事莫如救人急，只要有能力、有經驗的個人或團體，就該歡迎與感謝參與救災工作，以便在七十二小時最有利的生存時間內，找到災民將其救出。然而當最有救震災經驗，並有探測儀器的大陸專業救災隊伍，在第一時間國台辦即表達願派救災隊趕來，卻想不到被陸委會拒絕，並聲稱台灣救災器械與專業人士均很充足，無需外界援助。不過轉頭便向日本請求專業救災隊前來支援。此情形引起一般民眾極為不滿，何況迄今仍有九人未救出及多人失蹤，尚未找到。大家皆認為花蓮震災最需要專業救災人員，他們經驗與專業，比一般人易於找到受災人，可以設法迅速搶救，省時省事減輕受災痛苦，甚至避免拖久死亡。大家萬想不到救人也要談「反中」，政府寧可向遠處人力有限（七人）的日本求援，而不准對岸龐大專業救災人員入台救災。似乎對大陸敵意越趨深重。（2018.2.9）

美國設立的「台灣旅行法」應是推動大陸提早統一的楔子

繼美國以國內法「台灣關係法」公然干涉中國內政，以致對台大賣武器賺數十年黑心錢，並使出各種陰謀詭計，目的主要希望支持台灣分離力量，俾能永遠做其心中的棋子。作為對付大陸的利器，同時可不斷賣武器給台灣，堪稱一舉兩得。如今正當大陸崛起，進步神速之際，美國妒忌無法阻擋之時，發現台灣分裂勢力是對付大陸最好的工具，乃欲用「台灣旅行法」夯實海峽兩岸分裂注入強力意志，也堅定不移地大步走台獨建國之路，使台灣這個不沉的航空母艦，成為美國可支配的「台灣牌」，則可永遠讓大陸芒刺在背，無法自由馳騁，是最好遏制大陸的地方。然而以現在大陸軍、經、科技等實力，如此想法與明目張膽的作法，只會令大陸當局感到心寒而應提早收回台灣，以免被美國操控造成夜長夢多，拖得越久，收回的成本越大，故遲遲處理不如趁早解決。因此美國機關算盡，其結果勢將適得其反。我們奉勸美國應言行一致像個追求自由平等的大國始能受尊敬。（2018.2.10）

美國不樂見南北韓選手共舉統一大旗出現平昌冬奧

在平昌冬季奧運會開幕前夕，北韓出乎一般預料決定派出陣容極大的選手隊伍參加，同時有政府高官和金正恩胞妹專程隨行，並以金正恩親筆函，邀請南韓總統文在寅今年訪問平壤。畢竟兩韓同文同種本是一家人，美國卻不斷從中挑起事端，唯恐兩韓和平，最好能加深對立，美國不時地宣揚其邪惡，為了解救其人民，必須將該政權消滅。這種見不得兩韓和好，重批兩韓之不是，指北韓藉冬奧綁架南韓，又指北韓是地球上最專制與高壓的政權等。總之，在「美國第一」的私利下，兩韓和解、人民追求和平幸福，對趁亂獲利的美國則不利。希望能像收拾伊拉克、利比亞般，殘忍地對待它們，死了多少無辜百姓毫不以為意，一副不管別人死活，人面獸心，殘暴無人性的架式。因此美國正擬對北韓下手時，突然看見不敢相信的和解，槍下的獵物跑了，自然氣急敗壞，大失所望，除狠罵北韓，更轉頭指南韓必上當。如今在兩韓握手言歡時，美國是否仍對北韓動手，我們拭目以待。（2018.2.11）

花蓮震災救援後遺症

此次花蓮地震，造成多人死傷，儘管救災工作完成，但由於蔡政府拒不准大陸救災團隊在第一時間趕來參與救災，卻主動向日本求援，引起兩岸人民不滿，認為救災如救火越快越好，應不嫌人多。大家萬想不到蔡政府竟不讓極有經驗、擁有各種工具的專業救災隊伍——大陸前來，反而向日本求助。這種根深柢固的反中情緒，即便在情況已十萬危急時也毫不在乎，表現出反中絕不動搖，而求來的日本救援隊伍，總共只七人，且見危屋隨時有傾倒危險，均不願進入第一線進行搶救工作，而將生命探測器交給台灣救災人員使用，完全是象徵式的救援，僅在現場外沿活動而已，這情形更令兩岸民眾不滿。蔡英文事後寫了幾個簡體字來慰問罹難者，也不過「貓哭耗子」罷了，無法表達真心誠意。而在本文寫就後，又見報載日隊七人中六人為官員，只一人具救災專業，豈非令人難解其「救災」另有目的與誠心。（2018.2.14）

李曉兵的「不統而統」是現代版的阿Q精神

有位學者李曉兵，開春之際突發奇想，認為海峽兩岸已形成了一種「不統而統」的新局面。他天真無邪的認為，只要再假以時日，即至二〇三五年後，兩岸人民生活水準接近，各方面交流不斷深入，包括感情上實現合理化的回歸後，屆時即使沒有明確的實現統一，但實際上已經統一了。看了李曉兵這種白日夢般的囈語，又令人不得不想到阿Q的無知與可憐又可笑。此人竟是南開大學台港澳法研中心執行主任。他似生活在陶淵明「桃花源記」裡世界，不食人間煙火，更不知台灣真實狀況，竟對數十年來連大陸一代接一代領導人均挖空心思未能解決的統一大業，可以如兒戲般坐在書桌上就幻想兩岸已統一了，豈非一場春夢般不切實際。以現下情勢，島內獨派握分裂大權，加上美日公然地擬通過多項惠台法案，支持島內台獨人士大膽向前走。想李曉兵的春夢未醒，而外面的世界已有所改變。何況兩岸現代化對比，大陸已超過台灣頗多，李曉兵竟毫無所知。（2018.2.23）

春晚小品與台灣真實面的差異

祖國大陸央視春晚節目「回家」小品，述說兩岸開放交流與探親的故事。然而台灣人的真實反應，對大陸卻仍是冷淡疏離的。島內知識界以及政治人物等，凡足以引領民眾走向獨或統的龐大力量者，幾乎大多數均反對統一。即使自己已承認是中國人，或體驗過大陸之進步與現代化已超過台灣，但其分離意識仍根深柢固，難以改變。因此今年春晚央視挖空心思增加台籍演員，並以親情的小品節目自認能感動島民，但這些用心除了讓上了年紀的老兵及早期回鄉過的老人有感，或牽起一絲回憶外，對台灣中生代和青年完全沒有吸引力。對於大陸剃頭擔子一邊熱的「兩岸一家親」，甚至「心靈契合」等一廂情願的期待，實在不切實際。這可從二月二十日台灣旺報「春晚舞台上的台灣形象」一文，直白的告訴大陸，任何溫情都不能使島民接受統一，均如緣木求魚。就以筆者家族中四個家庭均為「台商」且均屬富有的情況來說，在大陸皆有二十年餘年，以及吾兒均每日商事忙碌，他們哪有時間去思考統一呢。（2018.2.24）

蔡英文呼籲兩岸各釋善意的迷魂「彈」

蔡英文近來從花蓮震災，至參加台商在台北的聯誼活動，均如大陸所期待的，釋出其善意。唯另一方面卻加強了與美國勾結的實質進展，正面進入了美國圍堵大陸的陣容，尤其在美國和台灣每年舉辦一次的「年度國防工業會議」，今年首次改在高雄舉行，且決定自今年起，每年增為兩次。同時在川普政府正進行的各項惠台法案之外，又欲發動讓台灣與大陸的隔閡越來越遠的構想，即設法將「台灣海峽」成為「公海」。總之，在大陸的一般學者專家，長期對台灣執政者的「善意」有如中邪似的「中意」時，台獨則又往前邁出了一大步。因此我們認為大陸遏獨促統，走的是「鏡花水月」不切實際。至於「血濃於水、一家親、心靈契合、拉攏台青……等等」均屬百年大計，溫火慢煮之事，完全跟不上現實台灣趨獨「義無反顧」、無所不用其極的變化，最終難保和平統一無法堅持的惡果，受傷的仍為兩岸同胞，所以「和平統一」應非軟弱作法才對。（2018.2.25）

台灣某報駐港記者長期報導大陸負面新聞

每於閱畢某報駐港記者執筆的專欄文章——「民意論壇」後，總感覺不對勁，他下筆多半不夠客觀與公道，似乎對大陸成見很深，有失媒體人的超然格調。就隨便以其二月三十日所發表的文章「鄉村見聞神識中國」來介紹。他指稱該篇內容是從諸多見聞中整理出來的，即「嬰孩少了，光棍多了」、「村辦企業少了，癌症患者多了」、「鄉村建房少了，進縣城買房多了」，並結論出「原來鄉村凋敝，還有老人稚子留守」，同時還不忘反諷一句「這潮頭初起，又意味著什麼？」看完此人筆帶仇中意味，不是以偏概全，便是道聽塗說妄加報導。因本人老家一在安徽（今湖北英山陶河村）堪稱窮鄉，經縣裡輔導種茯苓，年輕人皆富裕，娶妻生子，另筆者台商兒子上海保母四十餘歲，四年前返安徽鄉村過舊年，便未外再外出打工，她參加集體種藥材，生活不比都市差，並寄了一大箱靈芝來。講情感，出手很大方，足證生活愉快，也沒聽該記者說的可怕情形，對這類反中、仇中之記者，政府應加了解和應對。（2018.2.25）

大陸高校開「生死學」之重要

據報導，大陸廣州大學政治與公民教育學院開的「生死學」，吸引了許多學生搶修。「生死學」，又稱死亡學，在該校開此課迄今已十八年。這門在台灣學校尚未開過的學科，涉及了宗教、哲學、科學、社會學、法律、醫學以及倫理等各層面。孔子曾謂未知生焉知死，而廣州大學「生死學」教授則稱「未知死，焉知生」，亦頗值研究。其實有生必有死，生命的開始便一分一秒走向死亡。加上疾病、災禍等無常，故死亡亦會隨時發生。毛澤東以睿智談生死，他自青年時便常談生死，認為死有輕如鴻毛，有重如泰山，既然必死，便該用有限的生命為民族、國家、人民，做出貢獻。則生就有意義，否則營營苟苟、勾心鬥角於私利，或為個人權利背叛國家人民，最終蓋棺論定，必然遺臭萬年，這種生與死同樣輕如鴻毛。有價值的生必樂在其中，死則令人懷念。像台灣既不重視民族大義、自私自利，又結合外力反對祖國，可謂數典忘祖，活得毫無意義，死亡將至，必定落得永久罵名，可悲至極。

（2018.4.23）

大陸深化城市交流正是「中華民國」需要的

正當台灣面臨經濟困局之際，大陸惠台卻一波波從天而降，台獨政府大喜過望，正中下懷，想不到這麼快就惠台，解除了內部因經濟急速下滑而造成民眾對政府的不滿，進而影響政局穩定和年底選舉。因此大陸如此大規模惠台，特別是深化到城市，正是民進黨所迫切希望的，堪稱「及時雨」，對台灣中華民國是急需的活水。這可使原本經濟下滑，令基層感受焦躁的情形得到緩和，增加了對台獨政府的向心力。同樣台灣可以藉此機會再多花些錢採購更好的軍品武器，和花大錢鞏固邦交國，並加強抱緊打壓大陸的美國，保護台灣國的安全。在內外無憂之後，趨獨工作亦不多讓，將在絕不低頭、不退縮的意志下，直衝獨立目標。其實，蔡英文和其他黨派人員一樣，都認為台灣已是獨立國家，大陸要加多惠台，給出這麼多好處，蔡英文也一定心存感謝，必然會帶領解決經濟困境後的政權，可有更多經費追求獨立。大陸應弄清楚，當一個國家給另一個國家極大的好處，絕對會使其壯大分裂成另一個國家。我們看《三國演義》，當關公獲赤兔馬後，想的卻是趕快回到劉備陣營而去。（2018.4.23）

歐美是標準小人

在講道德的中國，凡是沒有品德的，就是小人。今天我們仔細檢驗歐美等先進國家，都是唯利是圖、恃強凌弱之輩，他們甚至以血腥殺戮，欺壓以獲利，而表面上總以偽善掩護，迷惑世人。這種追求私利目空一切，且草菅人命的行徑，往往失去人性。如眼前的實例，美、英、法聯手出兵，以未經調查確認敘利亞政府軍使用化武打擊反叛軍，只為了與俄國搶占對該地區的各種利益，便凶殘地使用戰斧導彈攻打敘政府，令無數平民家破人亡。透過媒體報導，可以看見許多敘國傷亡百姓無辜受害慘狀。此外，同樣以一帶一路，倡議世界共同體、和平互利的中國，已腳踏實地地推展了許多基礎建設，惠及各個有需要的國家，並博得了他們的好評和好感。然而歐美小人心術，居然加以反宣傳，指一帶一路在謀軍事利益，和擴大政經影響力，是另有意圖。其實一帶一路能嘉惠各國及貢獻世界，且獲得了聯合國特別稱許。歐美等小人國家，極不道德的挑撥，除彰顯其不道德外，必將受到各參與一帶一路之各國所唾棄。（2018.4.23）

台灣陸委會對大陸的強硬回應

台灣陸委會，十九日針對大陸在靠近台灣對面的福建泉州外海軍演，以及軍機繞台，表達強烈的不滿，指稱這是大陸刻意操作對台施壓與騷擾，企圖挑起區域緊張，台灣人民不會接受，我方捍衛國家主權尊嚴的決心，也絕不會屈服於任何武力威脅或利誘。按陸委會對大陸的回應，大陸就應有所覺醒。我們過去一再指出的，台灣已自認為是主權獨立、擁有實質領土的「小國家」，故不會因大陸讓利而心中無台灣，反而會因經濟困境的緩解而更加鞏固「國家發展」的信心，這情形是任何黨派主政台灣時一定會施展的方法，也就是說，維護「國家」獨立，自不會因大陸的讓利或軍演等而改變國家觀念，甚至在大陸求學、就業，心中所想的大陸仍僅是鄰國而已。要想改變「台灣不是國家」和民族大義的觀念，今日台灣朝野都不可能聽得進去。過去到目前，大陸對台的各種方法，對統一根本無效。試問除杜特蒂外，世界上有哪個總統願做另一國家的「特首」。由此我認為台灣的總統不分藍綠，皆會努力捍衛主權到底。（2018.4.23）

再談統一的最大障礙為何

大陸自兩岸交流後，除國台辦外，也出現了許多研究台灣問題的學者專家。在如此大交流和深度的研究之下，出現了「兩岸共同體」、「兩岸血濃於水」、「打斷骨頭連著筋」、「兩岸一家親」、「心靈契合」、「三十一項讓利」等言論。唯最終還是落得台獨正面叫板，指大陸對台只欲「併吞」，故一定反抗到底，甚至設法引進美國勢力拒統。因此我對大陸這麼多台灣問題專家們，少不了要批評為「明察秋毫而不見輿薪」。其實所有的讓利，以及軍事壓力等，對促統一定無法產生效果，關鍵原因就在於台灣「是個獨立的國家」，它有領土、主權、人民、二十國承認。它擁有國家架構，目前名稱是「中華民國」，之所以有台獨，是因為島內左右政治者要改「國號」，以便更易於進入聯合國，成為正常國家。大部分島民是如是想，故什麼讓利、恫嚇、軟硬推動「中華民國」人心。我認為台灣只要一天維持五臟俱全的「國家」，島民就會盡全力為國家抗統，什麼好話應都與統一難作連結。要想統一，如此相對將永難實現。（2018.4.22）

以軍演遏獨影響不大

大陸在鑼鼓喧天地對台大讓利後，發現島內台獨勢力似乎仍未見消滅，只見賴清德明目張膽地拋出「台獨」言論，而蔡英文亦一再強調將會力抗大陸的壓力，發展與其他國家的關係。於是大陸在南海大演習後，接著就是針對台獨言論所發出的警告，也就是威懾「台獨」的軍演：十八日起在泉州外海軍演、黃海軍演、舟山島演習，之後又有軍機繞台三次等，但是台灣蔡政府對此根本無動於衷，卻召開國安國會議，只關心「八竿子打不著」萬里之外，美國對敘利亞用兵之事。足證什麼軍演都震懾不到台灣。自然台灣朝野面對演習的槍林彈雨置若罔聞，老神在在，處之淡然，蔡英文甚至不談大陸軍演，「顧左右而言敘利亞」。不但如此，反而也計畫針對解放軍採取反制軍演，應是對大陸的強硬回答。所以台灣在獲得美國將會維護安全，並反對任何改變現狀的申明，雖然明知美國公然干涉我國內政，但也認為最終不過被大陸口頭抗議一陣而已，故島內該做的和該努力加強反中軍力，和公投正名，入聯等一切照做，完全不把解放軍放心上。（2018.4.22）

越來越令人討厭的美國

說討厭美國，實在太客氣了。應該是看不起才對。翻閱美國短短的小歷史，其野獸性格並未因科技進步而稍作改變，自始便曝露了攻擊、侵略的本性，對世界總是披著西方式、不容檢驗的自由民主外衣，作為其干涉各國內政的藉口，從中取利。其中最典型的代表，就是在暗地裡耍陰險，甚至乾脆將一切醜陋表面化，尤其是「不高興，你奈我何」的川普，他偏袒種族歧視、逃漏稅、鄙視媒體等，這是本事。而美國近代領導人似無不循此軌跡治國。我國自鴉片戰爭後，美繼日、俄後，成為最偽善、鬼詐、狡猾、殺人不見血，以及迷惑、騙死無數中國人的三大惡鄰之一。今日觀之，其對中國占盡便宜似乎仍不「解恨」，最熱衷於支持台灣分裂，讓台灣成為能掌控在大陸背上永久性無法拔出的芒刺，以便掐住大陸的頸子。儘管中國大陸和平崛起，與人為善，但唯恐天下平靜和諧的美帝，認為世界大亂了才能混水摸魚，便四處興風作浪，自無法容忍台灣回歸失去打擊大陸最佳棋子，護台已見明朗。（2018.4.22）

抗議「中國台灣」
擺明就是台獨

台灣經濟部半官方單位「對外貿易協會」，到江蘇淮安參加國際食品博覽會，見到看板介紹為「中國台灣貿易」乃向大會抗議，要求刪除被拒後，便不再參加大陸官方一切活動，並表達一連串抗議。從這件事足證台灣當局以國家自居的強烈心態。以及維護「國家」主體的意志。這就是任何惠台措施，什麼「兩岸心靈契合」等，都將永遠落得剃頭擔子的結果。我感覺很不解，明明台灣是個五臟俱全的國家，有總統，各院、部及縣、市、鄉、鎮等民意機構，在中國大陸土地從未分割出去，卻為何讓它存在運作，而只在枝節上加以遏制，還「拉攏」讓利。這一切的好與壞（針對台獨），只要台灣永遠是國家型態，什麼「和統」、「武統」的言論，「台灣國」的主流意識是無動於衷的，也不會軟化的。就以幾年前的馬習會「鬧劇」來看，不也是台灣元首（總統）與大陸元首之會嗎？既然讓這個國家存在，而只打壓台獨，卻從未對實質的國家架構設法，或下手拆除，僅在口頭上表示不准這、不准那，專找枝節之不是，行嗎？（2018.4.22）

一中就是中國只有一個

美國學界挺台獨者，是嚴重干涉中國內政，更荒唐的是要釐清一中定義，讓我們不禁要美國交代他們的那些州都是如何巧取豪奪而來的。記得一九六〇年左右，美國尚只有四十州，現在竟擴張至五十州了。怎麼搞的，也應從實解釋。同時我們要指夏威夷地位未定，德州仍有人反對併入美國等。此外我們認為「美國優先」，是對世界各國的挑釁，也對各國極不敬。自私自利的美國，還在不斷放話，四處鬧事，特別對大陸無理糾纏，實令人髮指。試想我們中國假如也像上述對美國採取無理取鬧的作法，你美國如何想，如何反應。二十一世紀已是和平互助的「世界人類共同體」，美國這一套落伍了。原以為川普部屬應能融入世界，卻想不到仍然滿腦子橫行霸道，逆潮流而去。妄想人類世界無風三尺浪，永不得平靜，這將使美國失信於國際，成為四處被討厭的國家。至於一中定義，就是世界上只有一個中國，和一個美國同。我不解美國政府真的只是一群粗暴的無賴小人所組成的嗎？（2018.4.21）

大陸今年首季GDP將達百分之六點九，受全球矚目

去年底至今年初，由於中美貿易戰頻傳，進而開出「懲罰」大陸大單，造成大陸「奉陪到底」，採取一連串措施專打川普政府的「七寸」以還擊。川普似乎忘了中國通季辛吉的忠言，對中國無法在鬥爭中獲勝。故與中國合作才是上策，可以說雙贏，皆大歡喜。如今川普忠言逆耳，以鬥爭為主軸，又企圖在大打貿易戰中整垮大陸經濟，同時大打台灣牌，以為這樣就能猛踩住大陸痛腳，一時還真的促使眼窩子淺的台獨政府起而配合演出。川普也萬想不到其智庫等唱衰大陸經濟，認為第一季GDP必下滑至百分之六點四或五以下，更有可能跌至百分之六點二左右，台灣專家並隨聲附和。殊不知大陸在全民加倍努力下，竟顯著上升百分之六點九，簡直集體對川普一當頭棒喝。擺明了貿易戰將重傷美霸，而中國之傷可能「因禍得福」，被逼得提升工商品質，和自主研發創新，就像好的棒球隊，會遇強更強，臻於萬事可以不求人，你說是否得感謝沒大腦，整人反倒助人的川普，同時他也將陷入害人害己的惡報中，給善良的美國人民以災難。（2018.4.21）

大陸對台漸似「秋決」故事現代版

在早期的台灣電影中，有片名「秋決」者，敘述一家做長輩的，十分溺愛一個兒孫，這小孫兒從小為所欲為，長大後凡事任性，終至犯下大罪，被官府判了死刑，翌年秋後斬首處決。臨刑前乃將過去長輩無盡的愛轉化為深深的恨，認為以往如果不是長輩那麼放縱，多管制些，他何至於會闖下大禍，遭受斃命的懲罰。想到數十年前的「秋決」，又看到兩岸之間頗有類似「秋決」場景，即台灣分裂份子多年來一直採取各種去中國化的行動，如更改課綱、逢「中」必反、大量購買武器抗統、走實事求是的獨立等。這些露骨行徑以到表面化了。而大陸卻不加以干涉，放任其存在，讓台獨人等「任所趨獨」。從馬英九之「一中各表」行「兩國論」之實，未見任何阻攔，拖到如今的蔡政府。大陸先試以大量惠台，然而島內政治人物不但無感，反而公然倡議台獨，終至「文攻武嚇」齊來，而對台獨要求的，也只是「封口」而已。如賴清德不再強調「台獨工作者」，其他怎麼搞都不算踩紅線，直到正名而後非武統不可，將後悔莫及。（2018.4.21）

大陸對台已宣布哀的美敦書了嗎？

大陸四月十八日在泉州及其外海處進行軍演，指明是針對賴清德等台獨份子，此外也同時祭出一向具指標性，曾一再用在出兵攤牌前的「最後通牒」，只要敵對勢力一意孤行，便會斷然的以武力解決問題，因為在解放行動前，已打過招呼了。關於此次大陸方面針對性的軍演，以及最後似將攤牌的警告，台灣政府都一律予以淡化，除總統蔡英文出訪照舊，並宣布將在澎湖軍演，針對解放軍，要回以實彈射擊，表示將「拒止」其來犯。然而在島內幾乎無人重視大陸的「文攻武嚇」，就連國台辦一再的警告也只當耳邊風，誰會重視？如今美國適時地站出來喊話，表示台灣安全由美國保護，這更化解了大陸「最後通牒」式警告的力道，島內分離勢力，必將變本加厲，使追求獨立建國再推進一程，對於明年公投也能放心布局。何謂攤牌前警告，即大陸慣用的「勿謂言之不預」。此最後的警告，曾出現在對印度和越南用兵前，故被稱為「最後通牒」。不過此番用在台灣，卻無人重視，不知後果會如何。（2018.4.21）

大陸能快速崛起超英趕美實在感謝歐美各國

中國自古即有「無敵國外患者國恆亡」之論。自鄧小平提倡改革開放，大陸之奮進，不但全國動員，且如脫韁之馬飛奔而起。唯就在中國大陸朝野上下埋頭努力於發展之際，以美國為首的先進國家卻妒從膽邊生，先以「中國威脅論」昭告世人加以打擊，再配以實際挑剔，多方阻障，尤其科技、經貿等領域，處處打壓、困擾。於是中國大陸乃立刻由被杯葛詬病的「山寨」低階，透過全面性自主研發，不斷在各科技、經貿、軍工等各方面獲得創新突破，譬如美國禁賣給中國大陸的超級電腦，藉以阻滯科技之進步。豈料反激起大陸科學家潛心研發「天河」超級計算機，一舉超過美國「泰坦」獨霸情形，五、六年來中國大陸領先全球，現更有比美國快五倍以上的「太湖之光」，已把美國遠遠甩在後面。其他文化、經貿、部分科技、醫學、工業、軍工、礦冶、軍事等發展更不勝枚舉，致使美國等不願見其越挫越勇，越強，乃想盡辦法搗蛋，但卻更能彰顯出大陸的自立自強更生。（2018.4.20）

台灣是國家架構故難統一

說穿了，台灣主流都是台獨，不過台獨大體可分為三類。當政者不論哪個黨，一旦站上總統大位，一定會走台獨路線。像馬英九主政，國民黨便以「維持現狀」行獨立之實。而當民進黨蔡英文任總統，則對外大談繼馬英九的變相台獨「維持現狀」，但其黨內另一批急進台獨，則力求公投改變領土及去除「借殼」中華民國而改成「台灣國」。他們認為如此便可進聯合國，並走入國際社會。所以說，台灣的台獨是國家型態產生的。只要有總統等五臟俱全的國家架構，不論哪個黨派當政，必然非走上獨立之路不可。因為他是一國之尊的總統，是國家領導人，勢必要把鄰近的大陸視為他國了。所以這可說是台灣與大陸之間根本無法成為一家的主因。也就是既然「台灣這個國家」與中國大陸之間的交往，無論讓多大的利，或怎樣的恫嚇，台灣是無人願意放棄「國家」的。了解此關鍵處，大陸方面才會如夢初醒，搔到癢處，從對台各種方針中選擇真管用者，否則再大的讓利，對政治人物而言還是無感。（2018.4.20）

劉結一的談話似有語病

國台辦主任劉結一，本月十六日向媒體說，「他（賴清德）就是個台獨」。當然這話是針對一再表明自己是台獨工作者的賴清德這個行政院長而來，逼使大陸不得不放話以軍演加以壓制。不過台灣有比行政院長職務更高的人，以及前兩三任總統，他們均是台獨實踐家，才會有今日分裂勢力在台灣「獨占鰲頭」，民進黨選舉大勝，這足以證明傾獨之人確實不少。其實，「維持現狀」等同於變相台獨，然而今天大家卻聽到劉結一只指賴清德為「他就是個台獨」，似乎原來被認為台獨的只有一個。其他安排賴清德大位的蔡英文，以及公開主張與進行公投正名等多方努力於獨立建國者，都是或不是台獨。故對賴清德，應指為「台獨囂張的代表」，其他積極推動者正大有人在，否則會讓大多數搞台獨者認為大陸太呆，悶頭搞台獨的皆不算台獨。這更給常替台獨美言、曲解的大陸涉台智庫有縫隙可鑽了。劉結一是老外交家，說話更該慎思。

（2018.4.20）

看台灣模擬共軍攻台之反擊演習，大陸應知反統決心

在台灣朝野輕視解放軍泉州大演習之後，卻又決定五月二十五日在澎湖展開「模擬共軍攻台」反擊軍演。此次也是台灣海軍陸戰隊首次在澎湖所進行兩棲登陸的演習。此項演習為漢光三十三號，假想敵假設大陸已有三艘航空母艦，台軍皆有信心毀其航母、打擊來犯的解放軍。從多年來台灣的漢光軍演，就只針對解放軍，不論何人當領導人，都一定把對岸認為是敵對勢力。因此大陸的讓利、「兩岸一家親」、「心靈契合」等，都只是單方面一廂情願、美麗不切實際的幻想。台灣朝野正如賴清德所直言，也是台灣人普遍於心的想法，就是「台灣已是主權獨立的國家」。對大陸其實軟硬不吃，什麼惠台與軍演，台灣皆無動於衷。大陸如果「務實」，首先不能聽信從廈門、上海至北京的學者專家長期為台獨勢力緩頰，延誤了島內真相。人類如皆能記取歷史教訓，也不會一再歷史重演了。我們樂見大陸惠台，也普遍歡迎。但想由此達到統一，可能就要一代代地交流下去，直到永遠吧。（2018.4.20）

川普活像中國古代暴君般的差勁皇帝

美國聯邦調查局前局長柯米，公開批評川普在道德上不適任總統。他指川普是個說謊慣犯，又任意污名化身邊的人。替川普做事，最終可能身敗名裂，再也無法為這個國家服務了。我們看川普不可一世且唯我獨尊的狂妄姿態，在國內，隨意責罵其政府高官，並任意革職、不重視人格尊嚴等；對外更是霸道、喜怒無常、草率用兵，輕啟戰端，最明顯的例子就是在未確證敘利亞政府軍到底有沒有使用化武對付叛軍，便下令美軍攻打敘政府，雖美軍發射的戰斧飛彈有百分之七十遭擊落，但仍造成平民百姓無辜傷亡家毀。我們看川普下令攻擊時之輕佻態度，不重視人命人權，很像中國歷史上的暴君桀紂之類。而其一貫的私生活中，性侵紀錄一大堆，堪稱無品。被其任性謾罵過的柯米認為川普不適任美總統，實不為過。如果再讓他連任，的確是美國的災難，更將攪亂世界。（2018.4.29）

大陸軍演以警告
美、台，主權不容挑戰

前美國在台協會台北辦事處長包道格認為，解放軍在台海軍演，是向美國釋出清楚信號，在主權問題上沒有靈活性。他指出，這和貿易問題可以表現的靈活性有所不同。美國學者也認為軍演是一強烈信號，北京要告訴美國，不要挑戰涉及大陸主權的核心利益，也不要在台灣問題上挑戰中國的紅線。很顯然美國一批在台灣長期公關下的軟腳蝦的議員和官員，在蔡政府加強親美政策下，竟閉著眼大肆惠台，通過一系列變相支持台獨的法案，直接破壞「上海公報」，造成美國公然失信的嚴重後果。這種對美國失格的嚴重錯誤，也只有在不懂政治與法律的川普才會出現。從大陸的警告，已明告台灣，統一的結局勢不可擋。一切想獨立的企圖謀略，以及所有為私利想維持現狀，走變相獨立，和「台灣已是獨立國家」等，皆屬虛妄，不切實際，不被國際承認，只要踰越大陸統一紅線，武統隨之而來。總之，台灣各界挖空心思，要獨立已不行。聰明的歸於統一才是只能走且前途光明之路。

（2018.4.19）

台灣趨吉避凶一勞永逸是統一

由於中國大陸指名此次軍演是針對台獨，一時島內學者專家、名嘴、軍方及政府官員五花八門的各種反應和分析如「雪片似紛飛」。綜合如「其實是解放軍例行性軍演」、「是在極窄範圍內小部隊演練」、「軍演地只在較遠的泉州」等等。然事實勝於詭辯，首先解放軍是各軍種大規模聯合軍演，連專打航母的「關島快遞」也出動了。其他導彈、火箭砲一應動員。而被台灣媒體指距台灣較遠的泉州為軍演地點等，更是瞪著眼騙老百姓。只要翻開地圖，泉州嚇然就在台灣中部正對面，距廈門不過四十公里。這次解放軍軍演是第一次選在台灣「對門」，也是最近之地。對於對岸如此軍演，島內學者專家各出主意，但皆以不刺激對岸為主，尤強調設法趨吉避凶，同時又主張三軍應加強備戰。而蔡英文亦對大陸軍演「等閒視之」，其實是色厲內荏的表現。總之只想對抗與怎樣避凶，竟無一人想到拒統、避統，終歸難逃統一。如其成天手忙腳亂要與對岸對抗，向洋人磕頭，不如統一皆大歡喜。（2018.4.19）

台灣知識界對統一仍「莫名其妙」之可悲

有退休人員為文於媒體，指大陸領導者的統一主張，只是立基於「領土不可分割的民族情感」，而不考慮兩岸分治的事實，做出讓台灣同胞願意統一的具體作法。顯然無論是賴清德或習近平，都該坦誠、更理性的給兩千三百萬台灣人民一個有理有力的說法。看了這類人不懂歷史、凡事一知半解所發表之文，深感莫名其妙。兩岸問題是中華民族偉大復興、大是大非的問題。是執政者在台灣要永垂青史，子孫後代有前途抑或遺臭萬年，歸類漢奸賣國賊，世世代代抬不起頭的問題。而大陸十四億人民只求統一的愛國意志，台灣竟毫無所感。當初鄧小平主張「和平統一，一國兩制」，就是給台灣同胞最大禮物。看中外歷史，包括美國之統一就只不由分說，站住理便不囉嗦，就是武力統一。為何大陸主張和統，且全面以事實做到惠台，還要問什麼，就太無知。難怪林肯要打了再說。可能當初美國這種胡塗蛋也太多之故。那時如為了一大批混球而誤國，哪有今日強大的美國。在此代習近平答覆了。

（2018.4.18）

台灣媒體為台獨開脫
才真是災難

日前行政院長賴清德重申，他是「台獨工作者」，並同時表示他政治發跡是在南部以台獨骨幹起家。他說的都是心裡話，且認為目前台灣與美國之間，所以在中美交惡，而台美間關係最好的此時，有超霸護衛，所以把悶在心中的話全講了出來，儘管引起「中國」不快，心想那是他家的事。因台獨份子早視對岸大陸為另一國家。就在大陸準備採取實際遏獨行動時，台灣媒體卻唯恐殃及他們這些「池魚」，乃出來為台灣緩頰，指大陸應把台灣社會的民心感受放在最重要位置，才能做到真正兩岸一家親。故當下大陸大可不必對台內部言行過度反應或大加渲染等，明顯地在維護台獨，眼見台獨行動熾烈，已近兩岸攤牌邊緣，台灣媒體仍在編派大陸不是，指其尤不該將軍演說成針對台灣，傷了台灣人的感情。但對台獨一連串聯美制中、內部全面性去中，以及喜樂島聯盟進行推動的正名制憲，台灣媒體仍一貫「放縱」從不阻止。故台獨更理所當然地走向「不歸路」，萬一有一天兩岸終於攤牌之時，則台灣媒體必成「始作俑者」之一。（2018.4.18）

胡亂幫台獨緩頰的大陸學者腦筋有問題

改革開放以來，兩岸交流至今，島內分離意識越濃，不但台獨黨奪取主政位子，且採多種方式並進，努力朝獨立目標前進。諸如對外抱緊遏中的美國，和一向對台灣有野心的日本。對內明目張膽的去中國化，從文化歷史徹底切割，並研究公投法，加以降低門檻，處處在為獨立正名而挖空心思。這些情形島內媒體時有報導。然而那麼多來台交流訪談的大陸學者專家，竟不以職責之重，宣揚大陸的各方進步與體制優越予以介紹。島內文化大變動情形，反而看不到，交流未能更融入，分離趨獨已快到攤牌地步。所有該深切檢討的，除國台辦外，就是廈門、上海、北京等地眾多學者專家，不知都在如此長時間進出台灣做了哪些事。原來今日報載兩岸隔閡擴大，「大陸學者幫台講話空間緊縮」，這就是最真切的答案，也最蒙蔽國務院雙眼，看不見台獨猖狂。中國人有云拿人好處手軟，吃人家的嘴軟，關係民族、國家的大事，居然胡亂美言，豈非問題嚴重，應由當局了解。（2018.4.17）

《海峽風雲急》一書之遠見不虛

中國大陸今年三月宣布惠台三十一項，並迅速逐項落實，這是近來台獨分離意識高漲聲中，各方傳言可能大陸進行武統恐懼時，一劑化解武統、堅持和平統一不變的定心丸。據大陸學者最近透露，這些加惠台灣民眾的措施，原來早已擬就，只等和平統一後全面推展，要在台灣現有的良好基礎上，協助作更好的建設和最佳發展。讓生活在寶島的人民個個富有康樂，成為現代美麗的「桃花源」。這情形筆者二〇一七年所寫《海峽風雲急》即認為依大陸主政者計畫，除要在三年後使十四億人民全進入小康，並透露對統一後的台灣不但分文不取，還要多方支援協助各種建設，台灣還可省下無底洞式的軍事、外交及凱子公關費等大筆長期付出。自然憑島民一貫刻苦耐勞的精神，必然很快獲得「台灣錢淹膝蓋」的美景，勝過蔣經國時期令大家懷念的「台灣錢淹腳目」。回顧歷史，世界上幾乎所有崛起的國家，強大後便恃強凌弱，如八國聯軍及日本，均侵略別國，唯中國強大主和平，且不斷助人。和統即幸福。（2018.4.17）

中國大陸是最自由民主的國家你知道嗎？

在台灣，人們總愛把不健康，鬥爭式的歐美型民主作為炫耀，殊不知從不誇張一切默默進行真正惠民的自由民主，早在中華人民共和國成立時即已實施。毛澤東曾一再強調，任何國家不讓人民享有自由民主，必被推翻。因此中國大陸早已在民主建設方面，實行了對國家發展最快，又能維護人民自由民主，兩相兼顧的「中國特色的社會主義」，也就是在民主建設方面有集中又有民主，有紀律又有自由。有統一的意志又有個人心情舒暢，生動活潑，那樣一種政治局面，主張把正確處理人民內部矛盾，作為國家政治生活主題，堅持人民民主，使人民感到國家之可親，要切實保障人民當家作主的各項權利。其選舉是術業有專攻，各專業之內行選內行，政治領導人必出於政治專業領域，故選出者皆為精英如習近平者，為國家人民最好的服務。而人民只在監督位子上坐享成果，故百業興盛，而台灣美式民主胡亂選舉，外行選外行，人民不堪其擾，只要能騙到選票，阿貓阿狗可升天。（2018.4.17）

台灣媒體亦挾洋恐嚇解放軍

翻開台灣報紙，經常可看到反對統一，主張維持現狀的文章，和扁抑解放軍，並以美國佬不准武統，及武統將是世界大事，以及既為和平崛起，則任何情況皆不可用兵等怪論，希望那天太陽能從東邊落下，兩岸以「大屋頂，河水與井水形勢結局」。這種不知歷史，不懂民族大義，坐在屋裡冥想，又欲用解放軍兩次手下敗將，連金小胖都嚇不倒的美國佬來反恫嚇「不怕鬼」（毛澤東語）的解放軍，豈非幼稚可笑。照媒體文章，指和平崛起便不應必要時啟用外科手術除瘤了？那照此想法既「和平崛起」則領土分裂，外人入侵，龐大的解放軍就應站著看乾瞪眼，任人宰割了。那還用國家強軍，習近平要解放軍要能打，且要打勝，何況為收回國土是平亂內戰，誰願出名不正多管閒事之師，同時解放軍出手定掌控一切，到時必無人敢插手，媒體可憐的書生淺見可以休矣。（2018.4.16）

蔡政府擺明是民進黨，還要她表什麼態

最近由於台獨政府抱美國大腿有成，簽了幾個惠台案子，一時島內人心篤定，皆認為大局對台獨有利，儘管行政院長喜形於色，忍不住說出一般台獨心裡話，而專事鴨子划水式積極推進獨立工作的蔡英文，則永遠展示溫和、善意，絕不踩大陸痛腳。對外總以美國最喜歡的「維持現狀」，和能穩住大陸為計。但令人奇怪不解的是，大陸對明獨賴清德聲罪致討，卻對暗獨蔡英文等無動於衷。其實暗獨難計數，而搞獨立都一樣，否則都化明為暗，易如反掌。或全島均以「維持現狀」努力拒統，永不踩大陸設下的遏制紅線，看看大陸找不到武統藉口，台灣便可在堅持和平統一的理想保護傘下，行「一邊一國」實際分裂之實。則又符合多年來如賴清德所言「台灣已是主權獨立國家」，就此混下去也自在，正是台灣民眾要的。觀此大陸放鬆暗獨，警告明獨不知何故。（2018.4.16）

賴清德的「務實台獨」給大陸的啟示

不管台灣行政院長賴清德所說，台獨工作者務實面，具體展現在三個方面和六個方向那麼曲折，但主張獨立卻天經地義不折不扣。他又解釋台灣已是獨立的國家，不必再多此一舉再宣布獨立。這說法凡身為台灣總統，和政治人物、學術界、媒體等無不同樣認為。因為大家皆生活在一個國家架構之下。今天和平統一的難題在此。既然整個形態、組織屬國家，則島上民眾也已認同，一旦各有關單位人員出不去，或難入國際以國家名義為代表的國際組織均奉行一中政策，即中國只有一個，台灣是中國領土不可分割的一部分。所以無法參加任何國際組織。於是島內乃有公投正名，要以「台灣國」取代中華民國。不論改與不改名。值得注意的是統、獨問題。即使此後島內不踩紅線，只穩住大陸專做充實台獨各項力量，反正已經跟獨立無差，便樂得維持現狀。直到永遠，對大陸而言，則在和統讓利大旗下，穩走獨立之路，聰明的永不去踩「紅線」。怎麼辦？（2018.4.16）

對劉國深似是而非的言論應加檢討

近年來距台灣最近的廈門，其廈大及有關研究台灣的部門，從其人員發表的言論文章及學生在台交流，對台灣的理解與憧憬，我們都感到有問題。什麼問題？自然傾向於不健康、崇洋媚外，人在福中不知福的令人費解。像這些人有黃嘉樹、劉國深等人，如膽子更大點，則不難成為類似劉曉波之流。尤有勝者，數年前曾有一廈大碩士交換生至台灣某大學就讀，被推介來找我找資料。但言談中竟表現對美式民主的盲目嚮往。問他對此民主了解多少，卻一問三不知。自然對自己國家能快速進步，許多國皆驚艷的良制反而不了解。當時我便對廈大在近代史，和中國革命史等太無知，是該校教學與教師絕對有缺失。此次該校與台灣私交極深的學者劉國深「台灣可保持一定獨立性」的模稜兩可言論，應非第一次（當然每次不同形式），卻施放給台獨無限想像空間。同時我們認為這類言不及「統」的，開不完的「論壇」到底在變相支持台獨，還是另有作用。不過事實是數十年未統一。（2018.4.16）

對兩岸前景之審慎樂觀

我寫這一標題，是在習近平繼續主政，大量推動惠台之後。原寄厚望於新的國台辦領導班子，能如習近平施政，做到「狠、穩、逕」，凡事看準了就幹，痛快淋漓極易成功。然而國台辦上任後的兩岸無味的「論壇拜拜」依舊，又無聊的什麼「屬意連戰代打」參加將舉辦的「國共論壇」，竟不知連戰已遠離政治，尤其在目前氣氛下沒任何影響力，其子選北市長均難，又不會鼓吹統一，就和辦論壇同樣虛應故事，「殺時間」。中國人一向講求新人新政，總望這個國台辦上任，唾棄過去拖拉老路，時間急迫寶貴，以實事求是，單刀直入，專做對統一有利的事，如有人入台，就應公開與統派接觸，大談統一，不像過去好像統一見不得人，島內人怕談統一，但國台辦和來台「陸客」比島民更怕談統一，難怪統一難上加難了。今後我們希望國台辦諸公再到台灣或任何名義入台，不再趨炎附勢，唯唯諾諾，應光明正大宣揚統一，也可測出和統是否可行。（2018.4.16）

大陸對台新領導班子將面臨多座大山

台灣問題之久久未解決，自然因素極多，最關鍵在自身實力尚不足。然數十年努力已有足夠能力解決問題一勞永逸了。唯在堅持和統原則下，台灣當今也已翅膀漸硬，政經和軍事上獲美國以實際行動支持「維持現狀」，成為分裂勢力的掩體，如何處理是國台辦面對的第一大山。其次，數十年來大陸對分離份子的警告早已信用掃地，今後如何建立「威信」，應是第二座大山。由於台灣所有媒體、名嘴，以及涉台的大陸官員、學者專家等，迄未把統一掛在嘴上和形諸文字，交流也快樂得忘了「統一」。就連親大陸的《旺報》所宣揚的也是「認識中國大陸，掌握世界未來」，出刊十幾年來仍未把統一正面有計畫的宣傳。如何面對或有效改善，是國台辦新任官員面對的鐵鉆山。因為這三座大山不除，則空有惠台項目，是不切實際。正如堅決離婚的女子，給她大批珠寶，她樂得拿走，但要想她回心轉意，有這種例子嗎？（2018.4.16）

大陸不知台獨份子要的是「改動國號」

自兩蔣後，李登輝、陳水扁以及表裡不一的馬英九，無不明的、暗的往分裂國土方向努力，而數十年來除江澤民時期對跑到美國活動表達台獨思想吃了大陸兩顆「空砲彈」，至今對實質台獨大肆活動於海內外，不但「後果」是虛聲警告，而實的卻反倒獲得三十一項惠台大禮包。怎不令台獨和一般島民喜出望外。因此往分裂獨立走的人，更抖擻精神快步前進。儘管大陸在對岸將舉行軍事演習，但台灣媒體和名嘴立即予以淡化為距台較遠，極小規模例行性演訓。因此台灣朝野對解放軍十八日軍演無人關心，心想那是他家事情而已。而大陸多年來各項合作優惠台商，那是台商貢獻之應得的。目前對台全面優惠主政方面均無感，指為不懷善意的「統戰」。原來他們要的惠台，是贊成台灣公投正名，成為大陸的好鄰居「台灣國」，否則什麼惠台皆打動不了他們的「分心」。雖三十一項惠台遲早會部分影響島民改變「初心」，唯估計有限，且時間將會無限拉長。（2018.4.16）

大陸整頓媒體低俗文化
早應如此

欣聞中國大陸決心徹底剷除各種媒體低俗文化，要把暴力、色情、畸形戀（同性戀）、不符合社會主義核心價值觀者，以及低級庸俗、血腥、暴力等，和不健康的人生觀、世界觀，必須做到媒體引領社會大眾向高尚正確的道路前進，同時確立道德規範，避免學習西方墮落的叢林（野獸文化）文化。我們認為大陸媒體過去只知迎合低俗、上述不正確等亂象嚴重，整頓來得嫌晚。但亡羊補牢，只要整頓徹底，重罰，仍能杜絕歪風。看大陸之積極向上，回頭看同樣生長在中國土地上的台灣，卻塞滿了庸俗等對社會造成不良影響的媒體文化，使社會大眾日趨墮落不堪，思想無法清明，不知追求高尚文明，或隨西洋敗壞風氣起舞，不知選擇取捨，故見大陸及時整頓媒體，展現國家欣欣向榮往高處邁進的新氣象。而台灣繼「文化沙漠」之後，更往下坡滑落，實令人感嘆主政者太短視和無視。有見地者無不認為這才是島上最大危機，無光明前景之可言。（2018.4.16）

對於疑似化毒歐美邪惡的嘴臉再露

敘利亞政府軍到底有否用化武對付美國支持的叛軍，在尚待進一步公正查證前，美國便聯手英法軍隊，猛轟敘利亞首都大馬士革。從照片看不知有多少善良無辜百姓家毀人亡。由其首惡美國川普，在下達戰斧飛彈攻擊令時，那副希特勒下令毒殺大批猶太人時的「草菅人命」，只管自身利益，不問他人性命的禽獸撲食醜相、狠樣子，讓人感到這是二十一世紀人類的悲哀。這情形又宛似小布希毀滅伊拉克出兵前的硬指伊拉克有化武，未經查核便獨斷出兵，滅國、吊死海珊，結果全是為美國利益而殺戮，造成伊拉克國破家亡，百姓死傷十餘萬，迄今無力恢復正常。如今川普又以美國利益當前，對其化武不作確切查證便聯手「八國聯軍餘孽」英、法兩軍，夥同對敘利亞瘋狂殘殺。這場景與叢林中餓虎撲鹿沒兩樣。我們不解殺人之外難道沒有其他方法了嗎？難怪有人指美國是衣冠禽獸，人類亂源。如今看來確實此言不虛。譬如中國兩岸問題也定要插手。（2018.4.15）

要為國學泰斗季羨林出聲

二〇一八年二月六日，一〇一歲的國學大師饒宗頤於香港逝世。饒宗頤，廣東潮州人，一九一七年八月生，幼有神童之譽，讀書奮進，博古通今，曾從事教育工作八十餘年，是聞名遐邇的漢學家，也是蜚聲海內外的翰墨巨匠、書畫名家。他精通甲骨學等十多種一般難懂的學問，與錢鍾書並稱「南饒北錢」；又與季羨林並稱「南饒北季」。由於香港學界後進追悼饒大師，卻以大師終身不入官場，而季羨林竟老來當上了北大副校長。殊不知他正藉以（國寶級大師）身教學子。如在北大曾於一開學註冊日，一學生見一老者，便囑其代為看管行李，待辦手續多時始畢，突然想到行李，匆匆奔回見老人仍守在行李邊，乃道謝一聲而去。想不到當副校長向新生講話時，該生才發現幫他看守行李的老人是享譽世界的國學大師。所以對這類非常人的曠世大儒，實在不可用通俗眼光評斷。也就是北大校長一般人可能認為是官，然季羨林便另有看法，從他發揮出偉大、具有示範性的身教可知。（2018.4.15）

美國教授舉證中國
已是第一大國

美國研究中國的教授艾利森說，過去十年美國計畫從洛杉磯到舊金山，建一條五百英里的高鐵，然十年後的今天，仍只在紙上談兵沒任何動靜。許多知此計畫的人，皆覺得這鐵路無法建成了。然在這十年中，崛起的中國卻建成品質優良的一萬六千條鐵路投入營運，總長度超過十二萬多公里。艾利森指出，過去二十五年內世界最大的地緣政治事件，就是中國的崛起。他認為從歷史看，從來沒有一個國家發展強大得如此快，又如此有高度。他說今後二十五年中國在世界上的地位，以及美國創建的國際秩序均將面臨中國的挑戰。他理解習近平的「新型大國關係」主要追求人類和平。因此艾利森為習近平深知「修昔底德陷阱」（戰爭與攤牌難以避免）的精髓。故倡議「新型大國關係」，以談判代替戰爭。以中國全面崛起壯大的當下，艾利森認為任何國家在強大的中國之間，無法發起戰爭，因為很難成為贏家。艾利森認為習近平的新型大國關係是人類進步的思維。（2018.4.15）

受歐美人士羨慕是人間樂土的華西村已注入青年生力軍

江蘇華西村，是純社會主義實踐村，目前村的面積超過澳門，居民近四萬人。村裡有工廠、輪船。商品銷往世界，村民家家戶戶住別墅，有高級轎車代步。人民儲蓄有專家統一負責理財。人民每年多次出國旅遊，走遍世界各國，村內劇院、藝術團、體育館、學校，樣樣都有，有四通八達的人行長廊，老人可從避風雨的廊中走到咖啡館、茶樓，三五聚集談天說地。如打麻將，是村中老人專利，青壯年不讓打。老人麻將規定輸贏不超過人民幣一元，且晚上九時後不准打以保健康。近年該村增加了年輕務農專家團，在村內一千畝農田中，種植優質水稻，立即以「夢心地」、「瀛之光」兩品牌享譽各省，並獲金獎，年收入將近六百萬人民幣。科學化經營種植，清潔水灌溉，專用水庫等。其他「間作」之清潔蔬菜等均增加該村福利。看著該村倒垃圾者開賓士，住兩百坪別墅，怎不令外界羨慕。時代在進步，該村也在不斷改進，更重視計畫教育培育需要的人才接班，及向外聘請。（2018.4.14）

陸梵關係之我見

中國大陸與梵蒂岡之間，因為主教任命等問題各有堅持，久久難達成一致，所以建交便無法進行。對中國大陸言，百年來一直受洋人無故欺凌，屈辱殺戮血淋淋宛如眼前，悲慘痛恨仍深烙心中，而在進行蹂躪的鐵蹄中，居然有傳教士的影子。也許殘忍的洋人冒充傳教士更易於虐奪燒殺，卻永遠給受害的中國人民留下不可信託的記憶。因此今日雖信奉洋教的善良同胞超過兩千萬，希望信教人安心，主教中國部分以愛國者送出，這絕不為過，造成有此堅持是有歷史根據，因出在梵蒂岡，如今梵蒂岡不回想中國百年傷痛未癒的西洋侵華史，竟仍堅持宗教的「政治」立場，對中國「一朝被蛇咬」後的心境，毫不特別同情與體諒，無法予以通融。我認為中國大陸完全正確，談建交真得慎重，愛國第一，此種梵蒂岡如無愛人之心，思之令人想起西洋宗教鬥爭史，總之大陸希望所有具宗教（佛、道、天主、基督等）信仰的兩億多國民皆仍愛國，始能安樂生存。（2018.4.14）

大陸學者強調「和統方針未變」就是獨派要的

這麼多年來，國台辦發言人所謂，堅決反對台獨，有堅定意志，充分信心，足夠能力挫敗任何形式的台獨，捍衛國家主權和領土完整。這些話台人都能倒背如流了，而事實數十年來未能統一。台灣不論國民黨、民進黨，或各小黨均屬分裂勢力一份子。出來進去都用「中華民國」這塊招牌，實質的另一國存在迄今。而大陸出奇的讓此現象存在下去，反而是台獨們看不順眼這「國號」欲公投改名，另以「台灣」為國號才是他們努力目標。因此在達此目標過程中，最需要大陸配合，不管大陸對台獨放什麼狠話，只要「和統方針不變」就夠了。因為有這緩衝，加上美國承諾對台保護，也來個軍、經惠台，則台獨自然感到「勝利在望」。在此狀況下，我們不解大陸對藏獨疆獨竟有差別待遇，甚至港獨均不同，故這三種獨被徹底清除，很快走入劣史。唯對台獨例外，似乎「重了怕嚇到，輕了怕跑掉」，於是大大讓利，看看一心奔台獨的大小姐們能否回心轉意。旁觀者認為可能性不大。（2018.4.14）

在兩岸問題上台灣人
最相信美國

冷眼看台海兩岸，發現有頗值玩味的情形，先看大陸方面，自改革開放到現在四十年了，口口聲聲說有能力、有信心完成國家統一，又說台灣是內政問題，不容外人插手。然而這麼多年仍未見統一，且台灣分裂思想日盛，已在宣布獨立和永久維持現狀但不宣布獨立的獨立兩者選擇中，也就是兩種獨立方式的拉扯。而蔡英文屬後者，只要做到不統一，則台灣已是「五臟俱全」的國家，還有美日等保護，又何懼之有。何況她的作法並未被大陸杯葛。從現實看，大陸確實對台沒辦法，如真有辦法也不會拖到今天了。如今習近平採全面惠台措施，即便有效，但以島民觀點，要想達到相融心向統一，不知何年何月了。主要是以台灣人民一直有美國和日本在後面撐腰，均知道幾十年來是靠美國保護的。日前美前國防部長培里向台灣記者稱：「只要中國沒有侵犯台灣的領土主權，對中國軍演可冷處理」。但又強調：「如中國侵犯台灣，美國會防衛台灣」。數十年來，台灣皆信美國承諾不虛。（2018.4.14）

大陸發展再好也與統一無關

大陸許多涉台人士認為，只要「打鐵還須自身硬」，把國內各方面做好，和平統一台灣必易達成。但如實事求是了解台灣，則大陸發展再好，「那是你家的事」，台灣人頂多聽聽、看看、談談而已。至於落實惠台，各類人才可去大陸發展，甚至早年在大陸發展的人員，迄今二、三十年了，仍無人站出來倡議統一，或回台宣揚大陸優點。由此預知惠台大受島民歡迎，但與統一無關。另如近來台灣行政院長的台獨言論，引起大陸民間建議武統聲浪，大陸涉台機構不斷加以壓制。其實島內民眾大部分無動於衷，也就是在統一問題上軟硬不吃。這情形大陸看看近來島內所做實實在在反統一的各項工作，以及各種媒體無一絲主張統一的，甚至在大陸極有成就的台商，或其他學術界、金融界領高薪多年者，仍無人願統一，故和平統一用惠台方法應屬無效。大陸應知馬英九的教訓，即兩岸交流空前熱絡，正是使台獨發展最好、反中力量最大時候，足證任何惠台只是明月照溝渠。（2018.4.14）

一國兩制絕不適合台灣

首先要知道，雖然台灣控制的面積（加周邊各小島），總共只三萬六千平方公里，而除三分之二是山地，人民居住生活的地方不過一萬多平方公里，在如此小的面積裡，卻擁擠生活著兩千三百萬人民，加上族群多而複雜，各行其是，勾心鬥角幾十年已成常態。同時在這種矛盾重重的政治混亂中，又有洋人（美日歐洲）滲入添亂，其麻煩問題定層出不窮，要比香港問題難搞太多，行「一國兩制」維持惡鬥不已的現狀，沒有民進黨，但其他黨派林立，競爭激烈，是統一後北京最傷腦筋的地方。因此我們認為大力扶助島內經濟，只要人民生活「安和樂利」，一國一制官員官派，用執政具經驗的精英為台治理，使島內社會平靜安逸，人民不再定期的選舉擾亂，改變大眾彼此惡鬥，族群分立的局面，才能自然與大陸融合，成為「一家親」。否則行「一國兩制」、「台人治台」，則後患無窮，形同割除毒瘤，又生成更大的毒疱，將煩不勝煩。使對台善意變惡果，北京應再深思。（2018.4.14）

央視公開楊開慧給毛澤東家書確有問題

報載大陸公開楊開慧給毛澤東私函，如果要公開，就應選擇內容有學問，並具國家社會、或積極性者為妥，像目前播的確不適合。至於有人出來支持央視，不是思路欠正面，便是不懷善意。專看報上介紹部分，只是私密部分，沒有示範正能量之處。譬如林覺民〈與妻訣別書〉，成為感人熱淚、永垂不朽的偉大情書。我不相信楊開慧給毛澤東的信皆屬平庸，不值一顧。故要公開毛澤東私信，在選擇上必須非常慎重，或者在除了有對社會國家有好的示範之外，附帶公開一些點到為止的兒女私情，說明偉人亦有極平凡世俗的一面。否則不播也罷。因為透過大眾傳播必須有相當價值。要有教化作用才好。然楊開慧長子毛岸英拒舅舅求官信「皇親國戚仗勢發財，少數人統治多數人時代已一去不復返」，這就是正能量的家書，對社會有益。播出來對後代影響極大，很動人，足見毛澤東公正無私，教子成功。國家領導人皆應有大公無私的後代。毛澤東一生為國，後代亦多奉獻。（2018.4.13）

台灣朋友口中的大陸高官薄熙來

見媒體報導，大陸原有接班希望的重慶市委書記孫政一，竟因大貪一億七千萬人民幣遭受嚴厲懲處，實在令人驚嘆不解，他腦袋到底在想些什麼？這種人是怎麼晉升的。至於隨此案之開庭，媒體提到大陸官、民中，仍有人對薄熙來等巨貪有好評，我認為這是蔑視事實罪證與國法，極不應該及無知的表現，是可怕的觀念。本人在此願把朋友多年前見過薄熙來後返台對薄批評，據實寫出。多年前台灣有個高科技訪問大陸的團體，可謂博士級水準極高的一行人。當他們到東北時，曾經當地領導薄熙來接待，回台後有天和參加該訪問團的朋友聊天，談訪問大陸情形。朋友突然搖頭極不屑的說，像薄熙來如此高官竟公然向他們要「好處」，他說這國家、這政府真讓人失望，儘管改革開放短時期看不錯，但這麼大的官操守如此壞，臉皮這麼厚，真還沒見過。回憶早期大陸因海外各類人士隨改革開放湧入，給小費、抽傭金等包括紅包文化氾濫，幸習近平整頓，否則後果嚴重。（2018.4.14）

當和平統一遇到武力抗統

正當大陸領導人強調兩岸一家親，血濃於水，堅持和平統一，且宣布全面惠台之際，台灣主政者及知識界卻多方準備走實現「永遠維持現狀」和尋求獨立正名，連可以作為「一邊一國」變相獨立的「中華民國」都嫌「中華」兩字礙眼，必欲除之而後快。同時在全力抱緊美國抗中之外，蔡英文積極強化三軍實戰演訓。而在台灣民主基金會最新民調，在美國公布，指島內三十九歲以下青年，有七成願意為台灣而戰。針對大陸多年來不斷發出的「空頭」警告，台獨及一般民眾早已麻木，皆認為空口白話，無任何人重視，反而覺得搞台獨是時候了。目前兩岸情勢，似是讓利與趨獨競賽，而台獨優勢在於島內除鐵板一塊的台獨基本盤外，其餘百分之七、八十均心存維持現狀的，這大多數都是不願統一的。故說實在的，習近平的惠台，台胞均願接受，但要談統一，必然絕大部分人民是不願意的。所以真了解島民心理的，和平統一也許可以，唯將在百年以後。（2018.4.13）

大陸就靠政治成就始能經濟發展，陳明通卻不知

陸委會主委陳明通，被認為是台灣知陸人士。不過看他認為大陸在經濟開放後，在政治革新、民主化方面也應與經濟同步跟上，否則經濟發展與政治改革不平衡，如鳥有雙翼及車之兩輪，無法平穩前進。他的意思是希望大陸在經濟驚人大發展後，要作政治改革，才能行穩致遠，不會失衡。他可能得意於這番話抓到了大陸的要害痛處，但在真了解大陸制度者看來，陳明通根本不了解大陸，否則絕不會認為其政治制度需要改革，又稱應在政治革新中，重視民主化，即學習或採行歐美和台灣奉行的假民主。試問政治是最複雜的專業，必須尊重專業，讓最優秀適任的政治業界推舉國家領導人。而歐美和台灣的制度鎖人，由黨派惡鬥產生領導人，要求外行人選外行人，宛如建築工程師用選的，結果可想而知。陳明通眼見大陸快速崛起，制度不良能有此成果嗎。至於民主，正是世人最難了解之處，原因是誤以為歐美式的民主才是民主。而中國的民主自毛澤東已開始推行，不研究怎知其偉大。（2018.4.12）

大陸不讓台灣挾洋自重也難

最近台灣在對外高唱「維持現狀」之時，已成功拉近了與美國實質關係。繼台美「國防授權法」、「台灣旅行法」及可能接著要簽的安全法，已寫明美國將保護台灣。這是數十年來台灣首次得到美國如此大力支持。在台獨人士看來，確已獨立在望。儘管大陸積極惠台，堅持和統，但台灣真正掌權的獨派而言，惠台不影響獨立。尤其大陸不了解的是，台灣雖政府債台頗高，然民間有錢人不少，加上日子還過得不錯的中產階級，占兩千三百萬的大多數，這些人都維持現狀，永遠只做中華民國國民，使他們天天生活在好日子裡，什麼民族大義，均為身外物，不關己事。為了長期維持現狀，無不贊成維持現狀直到永遠。至於對獨派看法，能維持現狀最好，否則搞台獨能夠成功，則何樂而不為，就讓獨派去實現去罷。（2018.4.12）

大陸是「世界共同體」，美國是「唯我獨尊」

在博鰲亞洲論壇年會中，習近平向世界宣布改革開放迄今四十年，對全球貢獻有目共睹，今後將更加努力繼續擴大開放到底。同時他強調要建構「人類共同體」概念，視各國各族人民為一家人，全球合作共同發展。因此他指出人類自由貿易必須捍衛以達貨暢其流各取所需、雨露均沾。大家都是贏家。避免並唾棄唯我獨尊、有我無他的冷戰思維，行保護主義、單邊主義等極落伍的，對人類不利，且難通行的辦法。如今很可惜，美國川普目光淺顯、心態不正。我國古代，孟子見梁惠王，孟子便勸他不要只想到利，最重在施仁義之政治，因只有仁德政治才能救國，人民才願努力，必能國強民富了。然目前的美國似民智未開，放任川普鎖國，妄自尊大，目空一切，有我無他。所謂「美國第一」均極幼稚，好像全世界都不在美國眼裡，都得為美國利益服務。而習近平領導中國與世界各國共同繁榮，促使人類和平發展，不恃強凌弱，做多邊主義維護者。兩人胸懷各異，智慧高低立見。（2018.4.11）

朱立倫在大陸強調「九二共識」的正確

台灣新北市長前國民黨主席朱立倫，訪問大陸，由於他不屑與現任黨主席吳敦義，以及曾任台灣領導人的馬英九，總在與國台辦或其他涉台人員交流時，一定在「九二共識」後，狡滑的拖個小尾巴「一中各表」。這「各表」看來不起眼，但箇中三味卻是一百八十度的相反，也是變相不承認「九二共識」的「暗槓」，即堅持一邊一國，實質的兩國論。這從馬英九到吳敦義，極不道德的哄騙國台辦多年，至洪秀柱欲競選總統，在她短暫任國民黨主席，始厚道忠實的宣示兩岸「一中同表」，卻飽受藍皮綠骨的馬、吳杯葛，吞下不少苦果。如今朱立倫似識時務，在大陸只談「九二共識」，丟掉那耍花樣極不道德，終歸會被拆穿的「一中各表」的「兩國論」。希望朱立倫返台仍以誠信破除馬英九的不顧大局，重振國民黨國父孫中山的遺志，為國家統一，參與民族偉大復興為子孫後代安和樂利著想，帶領黨員走上該走的正確的反獨促統大道。不負全國同胞。（2018.3.29）

台灣有洋人狗腿子居然指清朝挨打是自取

台灣媒體時論廣場專欄中，有為美帝侵華歷史平反的走狗文章，指洋人只是要求清廷表現「經濟對等性」，清朝多數人看不懂，不願看，不敢看，結果就是升高軍事。這種替侵略者找理由的醜理論，對強銷鴉片的洋人美言，與漢奸無異。而眼下又以此歪理，對川普等不講道理，強喊唯我獨尊，不由分說只有「美國第一」霸道對待各國，不讓北韓和美霸「對等」擁有核子。又公然挑起不怕無理取鬧的，只有美國沒有別人的「貿易衝突」。而美國自稱為「貿易戰」，但台灣竟有洋奴為洋人美言。又完全不了解大陸和平崛起已為世界經濟的諸多貢獻，以及自新中國成立就令列強欺凌受創。今日中國有自己敲打野獸般只拿自己的辦法加於人的美霸的辦法。只談「對等」，難道英美當初賣毒品到中國，我國也低級對等賣鴉片給洋人嗎？天下有這種對等怪事？真令人哀嘆台灣之無法和平統一，正如大前研一所言，島上弱智者多，也難怪這種爛文也會有媒體採用。（2018.4.28）

看金正恩之雄才視小英之弱智宛如天差地別

看金正恩與文在寅「渡盡劫波兄弟在，相逢一笑泯恩仇」，立刻為了兩韓切身利益，雙方人民安居樂，一旦想通，馬上聯手抓住和平，把只想製造衝突、妄顧半島人民死活、一切為美帝利益服務的狀況，看得一清二楚。且宣布廢核後的國家安全，必已獲得習近平「鐵哥們」一言九鼎的保證。想當初美國吹牛大將五星的麥克阿瑟，發動大軍，加上十六國聯軍，在中國大陸支援下，被打得棄甲曳兵，傷亡慘重，乃有美國名記者筆下的鉅著《最寒冷的冬天，美國人眼中的朝鮮戰爭》一書，訪問了數百名美國參加過朝鮮戰爭的缺胳脖斷腿的老兵。深知戰爭之可怕，及解放軍之能戰。反看蔡英文槍是啥樣都不清楚，就憑這點軍力對抗，實太天真可笑。何況統一是民族大義，如能明智的為兩岸人民世世代代幸福著想，也考慮抗統的惡果，更不能傻到為美國利益，充當美堅的危險棋子，到時賣了自己身家性命事小，卻牽累了二千多萬位無辜百姓陪葬。（2018.4.28）

朝韓會後，金川會似嫌多餘

當螢幕上看見金正恩與文在寅親切握手、擁抱，兄弟般的熱絡時，確令人感動。多年來被美帝挑起兩韓對抗，白白讓雙方不知浪費了多少彼此鬥爭無意義的錢，和心理不安。此番在狂人一再打壓，並準備對北韓橫加戰禍之際，愛護國家人民、不願半島再起戰禍，毅然與南韓把臂言歡，把磨刀霍霍的美帝晾在一邊，看了真叫人稱爽。美國佬一直以朝核挑起爭端，想用高壓姿態逼年輕的金正恩就範，川普亦預期在川金會中，要求金正恩就此宣告廢核，以向世人展示霸道之好用。最噁心的是，預告如不能合川普意，便抬起屁股走人，一副世界霸主橫行姿態。豈料金文會中，兩韓宣言便早把川普想的唯一重要之「廢核」永保和平等雙方來往事宜等敲定。如此一來咬牙瞪眼，要在川金會上表演的重頭戲，豈不是沒得唱的了。想到金正恩夫婦倆到北京閉門暢談便一小時，五月與川普似已沒事可談，也許兩人只能言不及義地各自敷衍，成廢話連篇吧！（2018.4.28）

台灣在兩岸統一有錯誤思考

多年來兩岸除毛澤東主政曾掀起金門砲戰，和海空交戰外，迄今未再兵戎相見。主要原因是大陸在軍事方面力不從心。而由於兩岸真實狀況，大陸已取得國家正統權，且帶領全民大力發展，成為人民安居樂業、民富國強，正邁向坐二望一的世界強權，凡中國人無不感到揚眉吐氣之時，一個內戰遺留下來的政權，卻名不正言不順，硬要逆潮流，無視世界大勢及祖國目下的實力，習近平收回台灣決心無人能懷疑。而和平統一是最大善意，如想拒統則為民族大義必被逼放棄和平，但照台灣主政者和知識界一貫的希望老美出兵保護，這都是不看歷史，因為大陸到不得已動用武力時，絕不是美國能嚇到和能阻止的。何況以今日大陸軍力，加上是正義之師，面對美國言不正、名不順的出兵，前來為台獨送死，想美國政府沒那麼傻。然就算美國事先保證護台，則領土問題解放軍必繼韓戰、越戰之後，第三次擊敗不知天高地厚的手下敗將美軍。到那時島內分離份子不知下場如何。（2018.4.29）

從兩岸風雲看結局——

公理正義傳寰宇，中華兒女揚龍威

作　　者　安　強
出 版 者　安　強
責任編輯　楊芳綾
排　　版　林曉敏
印　　刷　百通科技股份有限公司
封面設計　菩薩蠻數位文化有限公司
定　　價　新台幣 460 元
ISBN　978-957-43-5940-0
2018 年 10 月　初版

國家圖書館出版品預行編目（CIP）資料

從兩岸風雲看結局 —— 公理正義傳寰宇, 中華兒女揚龍威
/ 安強著.
-- 初版. -- 新北市 : 安強, 2018.10
面 ;　　公分

ISBN 978-957-43-5940-0(平裝)
1. 兩岸關係 2. 文集

573.09　　　　107015248